에듀맨십

에듀맨십

행복한 교육 속에서 인간다움을 회복하는 세 가지 원칙

초 판 1쇄 2026년 03월 23일

지은이 김연진
펴낸이 류종렬

펴낸곳 미다스북스
본부장 임종익
편집장 이다경, 김가영
디자인 윤영빈, 윤가희, 임인영
책임진행 송가희, 이예나, 안채원, 김은진, 국소리

등록 2001년 3월 21일 제2001-000040호
주소 서울시 마포구 양화로 133 서교타워 711호, 808호
전화 02) 322-7802~3
팩스 02) 6007-1845
블로그 http://blog.naver.com/midasbooks
전자주소 midasbooks@hanmail.net
페이스북 https://www.facebook.com/midasbooks425
인스타그램 https://www.instagram.com/midasbooks

ISBN 979-11-7355-388-2 (03370)

값 **19,000원**

미다스북스는 다음세대에게 필요한 지혜와 교양을 생각합니다.

에듀맨십

행복한 교육 속에서 인간다움을 회복하는
세 가지 원칙

김연진 지음

미다스북스

목차

다시, 학교가 희망으로

아이들은 길을 잃었다. '나는 누구인가'라는 내면의 질문을 던지기도 전에, '어느 대학에 갈 것인가'라는 현실의 질문에 답부터 내놓아야 한다. 자신의 내면에서 울리는 작은 목소리에 귀 기울일 시간도 없이 세상이 정해놓은 성공이라는 트랙 위를 숨 가쁘게 달려간다. 옆 친구를 이겨야만 내가 살 수 있는 것처럼, 혹은 한 번 넘어지면 모든 것이 끝날 것처럼 말이다. 그렇게 도착한 결승선 끝에서 수많은 아이들은 허무하게 무너져 버린다.

부모들 역시 길을 잃기는 마찬가지다. 자녀를 위한다는 명분 아래 행해지는 모든 선택이 정말 아이를 위한 것인지, 아니면 부모 자신의 불안을 잠재우기 위함인지 혼란스러워한다. 입시와 성적만을 위한 교육은 아이에게 경쟁이라는 불안을 심어주었고, 이 불안은 다시 부메랑이 되어 부모에게 '내 아이가 뒤처져서는 안 된다'라는 강박으로 돌아온다. 결국 부모는 자녀의 성공과 자신의 정체성을 동일시하다가 자신의 삶을 잃어버리고, 아이들은 스스로를 세울 '자아 정체성'을 잃어가는 이중의 비극을 겪고 있다.

현장의 교사들 또한 깊은 수렁에 빠져 있다. 교권은 추락한 지 오래고, 지금의 교실은 부모의 민원과 학생들의 반항이 두려워 목소리를 낮추는 곳이 되었다. 교사를 무시하거나 폭언을 일삼는 일부 부모들, 가르침을 조롱하는 학생들이 난무하는 현장에서 교사의 권위와 사명감은 갈기갈기 찢겨 나간다. 뜨거워야 할 가르침의 사명감은 식어버렸고, 그저 오늘 하루 아무 일 없이 지나가길 바라는 무기력함이 그 자리를 대신하고 있다.

대리만족을 꿈꾸는 부모의 과잉 사교육, 입시 경쟁에 내몰린 자녀의 낮은 행복감, 현실의 벽에 부딪혀 사명감을 상실한 교사. 이 세 주체는 서로에게 불안을 전염시키며 학교를 집단적인 불안의 발병지로 만들고 있다. 이것이 바로 무너진 교육의 삼각형이 만들어낸 우리 시대의 슬픈 자화상이자, '일그러진 사랑'의 모습이다.

이제 우리는 이 악순환의 고리를 끊어야 한다. 우선 교육의 본질이 어디로 사라졌는지 되물어야 한다. 학생들은 언제까지 타인의 꿈을 대신 살아야 하며, 부모는 언제까지 불안의 노예가 되어야 하는가? 그리고 교사의 가르침은 언제쯤 다시 존중받을 수 있는가? 이 거대한 불안의 소용돌이 속에서 우리는 무너진 삼각형의 잔해를 딛고 새로운 길을 찾아야 한다. 단순히 성적을 올리는 기술이 아니라, 삶을 대하는 태도와 인간다움을 회복하는 교육적 가치가 절실하다. 그것이 바로 내가 이 글을 통해 전하고자 하는 '에듀맨십(Edumanship)'이다.

에듀맨십은 학생들에게는 배움의 기쁨을, 교사에게는 가르침의 자부심과 권위를 되찾아준다. 또한 부모에게는 자녀의 성취에 매몰되었던 자신의 꿈을 소환하여 새로운 삶으로 나아갈 용기를 회복하게 하는 여정이다. 이 여정은 나 자신을 찾는 질문에서 시작하여 타인과 나누는 진정한 우정, 그리고 세상을 향한 지혜로운 실천으로 이어진다.

즉, 에듀맨십은 '지(知)·정(情)·의(意)'의 온전한 회복을 의미한다. 풀이하자면 '지'는 능동적 배움에 의한 깨달음, '정'은 감각의 몰입을 통한 즐거움, '의'는 배운 것을 삶으로 옮기는 지행합일이다. 이 세 가지는 결국 우리 개개인을 아름다운 삶의 여정으로 안내할 것이며, 무너진 교육의 삼각형을 다시 세우는 든든한 초석이 될 것이다.

비록 현실은 차갑고 슬프지만, 우리가 교육의 본질을 끝까지 붙잡는다면 이 삼각형은 새롭게 세워질 수 있다. 길을 잃은 모든 학생과 교사, 그리고 부모들이 본연의 자리로 돌아와 각자의 빛을 발하기를 바라는 마음으로, 이제 그 변화의 첫걸음을 떼어보려 한다.

1부 | 학생

배움과 깨달음의 '열정자'

생존을 위한 몸부림 "나는 어디 있나요?"

대한민국의 독서실과 스터디 카페는 늦은 밤까지 불이 꺼지지 않는다. 새벽 1시가 넘은 시각에도 수많은 학생은 거대한 책더미 속에 파묻혀 있다. 이들은 약속이라도 한 듯 등을 구부린 채 기계적으로 문제집 위에 형광펜을 칠한다. 하지만 고개는 쉴 새 없이 책과 노트를 오가도 학생들의 눈빛에는 생기가 없다. 그 눈빛 속에는 새로운 것을 알아가는 설렘이나 지적 호기심 대신, 오늘의 할당량을 채우기 위해 억지로 눈꺼풀을 들어 올리는 피로감만이 가득하다.

이러한 현실은 EBS 다큐프라임 〈공부 불안〉(2025)을 통해 더욱 처절하게 드러난다. 중학교 1학년 학생은 공부해야 하는 이유를 제대로 알지도 못한 채, 그저 남들보다 뒤처질지 모른다는 공포에 짓눌려 있다. 이 학생은 학원 숙제를 끝내기 위해 매일 밤 사투를 벌이며 잠을 포기하기 일쑤다. 고등

학생들의 상황은 더욱 처참하다. 성적에 대한 극심한 불안감은 새벽 2시가 넘도록 이들의 눈을 감지 못하게 만든다. 얼마나 더 공부해야 안심할 수 있을지 가늠할 수 없는 막막함은, 학생들을 끝없는 불안으로 몰아넣는다.

가장 충격적인 것은 이러한 불안이 정서적인 위기를 넘어 생명까지 위협한다는 사실이다. 해당 학생의 정서 검사 결과, '자살 위험도'가 매우 높게 나타난 점은 공부 불안이 단순한 심리적 부담이 아님을 증명한다. 이제 공부는 청소년들에게 미래를 준비하는 여정이 아니라, 당장의 생존을 위해 버텨내야 하는 가혹한 위협으로 다가오고 있다.

실제로 교육 현장을 떠나는 청소년은 매년 늘고 있다. 교육부 통계에 따르면 학업 중단 학생 수는 2021년 4만 2,755명에서 2024년 5만 4,516명으로 급격히 증가했다. 전체 학생 인구가 줄어들고 있음에도 학교를 떠나는 비율은 오히려 높아진 것이다. 특히 「교육통계서비스」는 학업 중단 사유 중 검정고시나 대안 교육, 진로 변경과 같이 학생 스스로 선택한 비중이 61.3%에 달한다고 발표했다. 이는 공교육 안에서 답을 찾지 못한 청소년들이 더 나은 교육 환경을 찾아 역설적으로 학교 밖으로 내몰리고 있음을 보여준다.

우리 청소년들은 즐겁지 않다. 배움의 과정에서 정작 중요한 '나'는 사라지고, 오직 '성적'이라는 차가운 결과만이 자신의 존재 가치를 증명하는 도구가 되기 때문이다. 공부를 하면 할수록 지식은 쌓일지 몰라도, 자신의 존재감은 점점 더 사라진다. 결국 스스로를 패배자라고 낙인찍거나, 언젠가 영영 밀려날지도 모른다는 불안감에 시달린다. 이것이 바로 '공부 기계'로 살다 맞이하게 되는 청소년기의 슬픈 초상이다.

교실의 풍경은 더 기형적이다. 한쪽에서는 이토록 치열하게 자신을 태워 가며 공부에 매달리는 학생이 있는가 하면, 바로 옆자리에서는 정반대의 현상이 벌어진다. 수업 시간이 시작되자마자 책상에 엎드려 잠을 청하는 학생, 교사의 눈을 피해 스마트폰 게임에 몰두하는 학생, 배움에 대한 어떤 기대도 없는 청소년들이 있다. 학교는 단지 출석 일수를 채우기 위한 의무적 공간일 뿐이다.

이 학생들은 말한다. "공부는 해서 뭐 해요? 어차피 명문대는 못 가는데요. 그냥 빨리 졸업해서 돈이나 벌고 싶어요." 이들에게 학교는 감옥이고, 공부는 마지못해서 하는 무가치한 노동이다. 교사가 자신에게 작은 관심도 없다고 느낀 나머지 스승에 대한 신뢰를 잃은 지 오래이며, 배움이 자신의 삶에 도움이 된다는 믿음 또한 사라졌다.

과잉 학습으로 지쳐버린 청소년들과 배움을 포기한 채 무기력에 빠진 청소년들은 겉보기에 매우 달라 보인다. 하지만 그 본질은 같다. 두 집단 모두 공부를 하며 진정한 기쁨을 느껴본 적이 없다는 점이다. 한쪽은 타인의 기대를 만족시키기 위해 앞만 보고 달리고 있고, 다른 한쪽은 그 경주에서 뒤처졌다는 패배감에 미리 주저앉았을 뿐이다. 두 모습 모두 자신을 위한 배움과는 거리가 멀다.

청소년들이 이토록 가혹한 환경으로 내몰린 이유는 근원적인 공포 때문이다. 청소년기는 부모의 보호를 벗어나 또래 집단 안에서 자신의 존재를 인정받으며 자기 위치를 확인하려는 본능이 강한 시기다. 이들에게 집단에서의 소외는 곧 사회적인 죽음을 의미한다. 그런데 우리 사회는 그 존재 가치를 인정받는 유일한 기준으로 '성적'을 제시한다. 성적이 나쁘면 무리에서 뒤처지고 결국 고립될 것이라는 공포가 학생들을 쉴 틈 없는 공부로 몰아넣는 것이다.

문제는 이러한 공포가 학생들의 내면을 들여다볼 여유를 앗아간다는 점이다. 자신의 적성이나 흥미를 고민하기보다, 남들보다 뒤처지지 않기 위해 학원을 가고 남들이 하는 것을 무작정 따라 한다.

　결국 '나'라는 주체는 사라지고 오직 집단 안에서 탈락하지 않기 위한 처절한 눈치 싸움만 남게 된다. 배움의 즐거움을 잃은 채 공포에 짓눌려 타인의 기준에 맞추어 성장하는 과정은 결코 건강한 성장이 아니다. 이는 주체적인 독립으로 나아가지 못하고, 타인의 시선에 갇힌 병리적인 의존을 낳을 뿐이다.

배움과 깨달음을 향한 열정의 힘 '지·정·의'

　이제 우리는 근본적인 질문을 던져야 한다. 도대체 '학생'이란 무엇인가? 단순히 학교에 다니는 사람, 교복을 입은 사람을 의미하는가?

　'학생(Student)'이라는 단어의 어원을 살펴보면 우리가 잊고 있던 본질적인 답을 찾을 수 있다. 이 단어는 라틴어 '스투데레(studēre)'에서 유래했다. 그 뜻은 놀랍게도 '공부하다'가 아니라 '열정을 갖다', '헌신하다', '갈망하다'이다. 즉, 언어의 역사 속에서 학생은 '무언가에 깊은 열정을 가지고 헌신하는 사람' 즉 열정자를 의미했다.

더 나아가 '열정(Passion)'이라는 단어는 그리스어 '파토스(Pathos)'에서 왔으며, 이는 '겪다', '경험하다', '느끼다'라는 뜻을 내포한다. 이 두 가지 어원을 합쳐보면 우리는 학생에 대해 새롭고도 멋진 정의를 내릴 수 있다.

"학생이란, 배움을 위해 주체적으로 경험하며, 그 과정에서 얻는 깨달음에 뜨거운 열정을 가진 사람이다. 이를 열정자라 한다."

그렇다면 청소년들은 어떻게 무기력한 구경꾼에서 벗어나, 배움을 통해 깨달음을 얻는 뜨거운 열정자로 변신할 수 있을까? 에듀맨십은 그 해답으로 지·정·의의 조화로운 회복을 제안한다. 이는 단순히 머리로 지식을 채우고, 가슴으로 느끼고, 손발로 실천하는 것을 따로따로 키우자는 말이 아니다. 지·정·의는 하나로 융합되어 아이들을 진정한 성장의 길로 인도하는 통합적인 엔진이다. 이 엔진이 돌아가기 시작할 때, 아이들은 비로소 공부하는 기계에서 자기 삶의 주인으로 거듭난다.

중요한 것은 이 세 가지 핵심 개념이 학생뿐만 아니라 교사와 부모에게도 똑같이 적용된다는 점이다. 본질은 변하지 않는다. 다만 각자의 자리에서 어떻게 행동해야 할지 구체적인 실천 가이드를 제시할 뿐이다.

자, 그럼 이제 1부의 문을 열어보자. 학생 스스로 배움의 열정자가 되기 위한 세 가지 에듀맨십은 다음과 같다.

1. 배우는 힘, 지(知)

배움의 주도권을 회복하는 것이다. 교과서의 지식을 앵무새처럼 외우는 수동적 학습이 아니라, 스스로 '왜?'라고 질문하고 답을 찾아가는 능동적 탐구자가 되어야 한다. 내가 좋아하는 과목을 스스로 선택하고, 남의 것을 베끼지 않고 나만의 지식을 구축해가는 과정이다. 이때 찾아오는 '아하!'하는 깨달음(유레카)의 순간이야말로 학생 자신의 뇌를 깨우는 가장 강력한 지적 희열이다. 어떻게 청소년들이 본인 스스로 '지식 소비자'에서 '지식 생산자'로 거듭날 수 있는지 구체적인 방법을 제시할 것이다.

2. 마음의 힘, 정(情)

배움을 머리로만 하는 것이 아니라 온몸의 감각으로 느끼는 것이다. 책상 위 활자를 넘어 보고, 듣고, 만지고, 체험하는 오감의 경험이 필요하다. tvN 〈유퀴즈 온 더 블록〉에 출연한 국가대표 수영 선수들은 말했다. "경기가 없을 때도 수영을 계속하고 싶어요. 경쟁이 아니라 물살을 가르는 그 느낌 자체를 유유자적 즐기면서요." 이것이 바로 정의 핵심이다. 결과에 대한 강박을 내려놓고 과정 자체에 깊이 몰입할 때, 우리 뇌는 건강한 도파민을 뿜어낸다. 그리고 이 몰입은 나 혼자만의 즐거움에 그치지 않고, 친구들과 함께 성장하는 건강한 우정으로 연결되어야 한다. 우리는 쾌락적인 게임 중독이 아니라, 성취감이 주는 진정한 '좋음'을 어떻게 회복할지 이야기할 것이다.

3. 해내는 힘, 의(意)

깨달음과 즐거움을 지속가능한 성취로 연결하는 마지막 열쇠다. 아무리 좋은 계획도 실천이 없으면 공상에 불과하다. 의는 어려움 앞에서도 포기하지 않는 끈기이자, 실패를 성장의 기회로 삼는 회복 탄력성이다. "실수해도 괜찮아, 우린 아직 성장하고 있으니까."라는 믿음을 바탕으로, 끝까지 해보는 경험을 쌓아야 한다. 더 나아가, 나의 성장이 나만의 성공으로 끝나지 않고 타인과 사회에 긍정적인 영향을 미치는 기여로 이어질 때, 나는 비로소 자존감 높은 어른으로 성장하게 된다.

배움을 향한 열정적 주도 학습을 경험한 청소년은 변신한 영웅과 같다. 누가 시키지 않아도 스스로 목표를 세우고, 실패를 두려워하지 않으며, 배움의 과정 자체를 즐길 줄 안다. 이러한 과정을 거친 청소년은 성인이 되어 어떤 직업을 갖든, 어떤 시련을 만나든, 스스로의 힘으로 길을 개척해 나갈 것이다. 왜냐하면 한번 맛본 뜨거운 열정의 엔진은 계속해서 돌아갈 준비가 되어있기 때문이다.

이제 그 변신의 여정을 시작하자. 무기력한 교실을 자기 스스로 깨우고, 그동안 잃어버린 눈빛을 되찾아줄 '학생 에듀맨십'의 세계로 함께 들어가 보자. 이것은 성적표를 바꾸는 기술이 아니라, 내 인생을 바꾸는 혁명이다.

1장

지(知) 배움이 내게로 오다

배움의 서막, 진짜 공부의 시작

인간이라면 누구나 삶을 이어가려는 뜨거운 생명력을 가지고 있는데 흔히 이걸 '욕망'이라고 부른다. 욕망이 없다면 에너지도 없다. 따라서 욕망은 무언가를 향한 에너지이다. 먹고 싶은 것, 즐기고 싶은 것, 이루고 싶은 것 등은 모두 에너지를 발현하게 한다. 하지만 여기서 우리가 무언가를 원한다고 해서 다 건강한 에너지로 바뀌는 것은 아니다. 곰곰이 들여다보면 이 욕망은 크게 '내 안의 욕구' 또는 '남들의 요구'로 향한다. 특히 둘 중에서 남들의 요구로 향하는 에너지는 결국 나를 상처 입게 만든다.

먼저 욕구는 말 그대로 내 안에서 스스로 솟아나는 힘이다. 내 생명과 활력을 유지하기 위해 내면 깊은 곳에서 자연스럽게 꿈틀대는 능동적인 바람인 것이다. 목이 마를 때 물을 찾는 것, 궁금한 것이 생겨 눈을 반짝이며 알고 싶어 하는 것. 이것은 누가 시키지 않아도 나를 살리기 위해 발동하는 아주 건강한 본능이다.

반면 '남들의 요구'는 내가 아닌 타인이 개입된, 아주 수동적인 상태다. 즉 타인의 요청에 마지못해 선택하는 결정이나 행동이다. 여기에는 두 가지 함정이 있다. 내가 스스로 해결하려 하지 않고 타인에게 무작정 "해줘."라며 기대는 의존성이 형성되는 것과 혹은 부모나 사회가 "의사가 돼라.", "무조건 1등을 해라."라며 떠미는 강요에 맹목적으로 끌려다니는 복종성이 만들어지는 것이다. 결국 요구에 움직이는 나는 내 마음의 소리가 아니라, 외부의 요구에 휘둘리는 셈이다. 그렇다고 부모나 사회의 요구를 무조건 거부하고 벽을 치라는 뜻은 절대 아니다. 외부에서 들려오는 목소리가 단순히 나를 억압하는 소음인지, 아니면 내 성장을 위해 필요한 정당한 요청인지 확인하는 과정이 필요하다. 중요한 것은 그 요구를 내 삶의 목적과 연결해 나의 요구로 치환하는 지혜이다. 단순히 간판을 따기 위함이 아니라, 내가 하고 싶은 연구를 마음껏 하기 위한 환경을 만드는 욕구와 연결된다면, 그때부터 공부는 남의 일이 아닌 나의 선택이 된다.

문제는 욕구와 요구를 혼동한다는 데 있다. 많은 학생이 부모나 사회의 요구를 자신의 욕구라고 착각한다. "나는 의사가 되고 싶어요."라고 말하지만, 사실은 "부모님께 인정받고 싶어요."인 경우가 많다. 이렇게 타인의 요구를 내면화하여 사는 삶은 남의 엔진으로 달리는 삶과 같다. 이 경우, 자신의 성장을 위해 엔진을 가동하는 게 아니라, 타인의 기대를 만족시키는 데 그 엔진을 가동하기 때문에 목적지에 다다를 때면 허탈감과 허무함뿐이다. 그 결과는 '자학'이다. 사랑받고 싶어서 억지로 공부하지만, 뜻대로 되지 않을 때 "나는 왜 이것밖에 안 될까!"라며 자신을 미워하고 학대하게 된다.

에듀맨십의 '지'는 이 혼동을 멈추는 것에서 시작한다. "나는 왜 지금 문제집을 펴는가?" 이 질문에 나의 순수한 욕구인지 타인의 요구인지 가려내고 "누군가에게 밀려나지 않으려고"가 아니라, "이 문제를 풀었을 때 내 머리가 명쾌해지는 느낌이 좋아서.", "영어를 배우고 싶은 것은 외국인 친구를 사귀고 싶어서야."라고 대답할 수 있어야 한다. 공부가 타인의 요구에 대한 복종이 아니라, 나의 욕구를 실현하는 수단이 될 때, 우리 뇌는 억지 노력이 아닌 내 안의 엔진으로 달리는 삶을 시작한다. 이것이 바로 억지 공부의 중지이자, 진짜 공부의 시작이다.

'지루함'의 사막을 건너는 힘

대한민국 학생들의 평균 수면 시간은 단순히 짧은 수준을 넘어 건강을 위협하는 수준에 도달했다. 연세대학교 사회복지학 연구팀의 2024년 '청소년 생활 실태 조사'에 따르면, 우리나라 학생들의 주중 평균 수면 시간은 약 5.8시간으로 OECD 국가 중 최하위를 기록했다. 특히 고등학생은 질병관리청 조사 결과에서 나타나듯 주중 평균 수면 시간이 5.5시간까지 떨어지며 더욱 악화되는 상황을 보인다.

수면 부족의 가장 큰 원인은 학업 스트레스다. 조사 대상 학생의 15.9%가 '극심한 학업 스트레스'를 호소하고 있으며, 이들이 수면 문제를 겪을 확률은 스트레스가 적은 학생보다 2배 이상 높다. 이는 과도한 학업 부담이 학생들의 최소한의 휴식권조차 빼앗고 있다는 사실을 명확히 보여준다.

더 큰 문제는 수면 부족이 청소년들의 정신 건강에 치명적인 영향을 끼친다는 점이다. 실제로 수면 문제를 겪는 학생

10명 중 약 2명은 정서 조절의 어려움을 호소했다. 결국 잠이 부족해질수록 감정을 다스리는 심리적 방어기제가 약해지며, 이는 학생들의 정서적 불안정을 심화시키는 결정적 요인이 된다.

우리는 쏟아지는 잠을 쫓으려 기계적으로 형광펜을 긋거나 고카페인 에너지 음료에 의존하는 학생들을 흔히 본다. 버틸 때까지 버텨보려는 그들의 몸부림은 배움을 향한 열정이라기보다 치열한 생존 투쟁에 가깝다. 현재의 공부는 스스로 선택한 길이 아니라, 부모의 기대나 입시 제도가 주입한 요구에 억지로 반응하는 수동적인 과정일 뿐이다. 학생들은 이 기계적인 무기력의 늪에 빠져 허우적거리고 있다.

이처럼 목적을 상실한 채 속도에만 매몰된 교육은 학생들의 영혼을 메마르게 한다. 스스로 왜 배워야 하는지 질문할 기회를 얻지 못한 채 기계적으로 문제집을 넘기는 학생들에게 교실은 더 이상 성장의 공간이 아닌, 견뎌내야 할 수용소와 같다. 이러한 무기력은 개인의 문제를 넘어 공교육 시스템 전체의 효능감을 떨어뜨리는 치명적인 요인이 된다.

이제는 그 늪을 박차고 나와 진짜 삶의 주인이 되어야 한다. 그러기 위해서는 가장 먼저 맹목적인 공부의 굴레에서 벗어나야 한다. 단순히 책장을 넘기는 행위가 아니라, 내가 지금 무엇을 배우고 있는지, 이것이 내 삶에 도대체 어떤 의미가 있으며 '왜 필요한지'를 이성적으로 납득하고 파악하는 '명확한 앎'에서 다시 시작해야 한다. 이 과정을 거쳐야만 배움의 과목과 학습의 분야를 스스로 결정하는 주도적인 힘이 생긴다.

많은 학생이 공부를 지루하고 고통스러운 형벌처럼 여기는 이유는 단순하다. 명확한 앎을 통한 지식의 '맛'을 전혀 느끼지 못한 채, 무감각한 상태로 억지로 삼키고 있기 때문이다. 아무리 맛있는 음식이라도 혀가 마비된 상태에서 먹으면 그저 씹기 힘든 고무 덩어리에 불과하다. 지금의 공부가 딱 그렇다. 억지로 구겨 넣는 지식은 아무런 맛이 없으니, 뱉어 버리고 싶고 하루하루가 고역이 될 수밖에 없다. 하지만 며칠을 끙끙대던 수학 난제가 풀렸을 때 뇌를 스치고 지나가는 짜릿한 전율, 복잡하게 얽혀 있던 역사의 인과관계가 한 순간에 이해될 때 느껴지는 그 시원함, 즉 '명확한 앎'에서 오는 지식의 강렬한 '맛'을 아는 사람이라면 누가 시키지 않아도 스스로 다음 페이지를 넘기게 된다. 이것이 에듀맨십 '지'의 핵심이다.

지루함의 사막을 건널 수 있는 힘은 인내심이 아니라, '다음에는 무엇을 깨닫게 될까?'라는 지적 호기심과 깨달음에서 나온다. 그러므로 지식의 맛은 정답을 맞혔을 때의 안도감이 아닌, 안개 속을 걷는 듯 답답했던 개념이 어느 순간 머릿속에서 선명한 그림으로 그려지는 쾌감이다. 한 번 지식의 맛에 중독된 뇌는 더 깊고 넓은 배움을 향해 끊임없이 나아가려 한다. 이러한 능동적인 배움이 실현되려면 우선 지금 내 앞에 놓인 지식을 완벽하게 이해하는 것부터 시작해야 한다. 현재 배우는 지식을 끝까지 파고들어 완전히 내 것으로 만들고, 그 끝을 봐야 한다. "드디어 알았어!"라는 명확한 앎이 올 때까지 멈추지 않아야 한다. 떠오른 궁금증에 하나의 매듭을 단단히 짓고 나면 다음 매듭을 향해 나아갈 용기가 생기는 법이다.

반면, 명확한 앎 속에서 얻는 즐거움을 경험해 보지 못한 학생에게 공부는 그저 낯설고 두려운 공포일 뿐이다. 스스로 배움의 분야를 선택해야 하는 임무가 주어졌을 때 주저하고 도망치고 싶어지는 것은 당연하다. 겪어보지 못한 길은 언제나 실제보다 더 험난해 보이며, 가보지 않은 어둠은 공포를 키우기 때문이다. 이 공포를 깨는 법은 생각보다 단순하다.

처음부터 거창하고 어려운 과목에 달려들지 마라. 내가 가장 쉽고 편하게 접근할 수 있는 분야부터 시작하면 된다. 쉬운 단계에서 성공을 맛보고, 그다음 상위 버전으로의 점진적 도전이 핵심이다. 처음부터 어려운 것에 도전하면 포기하기도 쉽고, "원래 어려운 거니까."라며 포기에 대한 비겁한 정당성을 내세우게 된다. 그러니 지금 당장, 내 수준에서 만만하게 시작할 수 있는 부분부터 정면 승부해 보자.

분명한 것은, 지금 배우고 있는 이 과목을 머리로 명쾌하게 이해하고 그 '지식의 맛'을 발견하는 순간이다. 그때 비로소 가슴 속에서 '아, 이거 제대로 한번 해보고 싶다!'라는 뜨거운 열정이 터져 나온다. 그 작은 승리의 경험이 무기력한 구경꾼을 열정적인 탐험가로 탈바꿈시킨다.

지식이 내 삶의 문을 두드릴 때

나눗셈은 단순히 숫자를 쪼개는 기술이 아니다. 6조각의 피자를 3명의 친구가 2조각씩 나누어 먹는 법을 배우는 과정은, 나중에 우리가 사회에서 만날 갈등을 피하고 평화롭게 공존하는 법을 연습하는 것과 같다. 나눗셈이라는 공식을 배운 후에야 공정함이라는 세상의 법칙을 잠시나마 깨닫게 되는 것이다. 그렇다면 공부는 반의 서열을 확인하거나 좋은 대학을 들어가기 위한 수단이 아니다. 오히려 세상을 살아가는 원리와 이치를 깨우치는 소중한 과정이 된다. 나눗셈을 통해 공정함을 배우는 것처럼 지금 우리가 배우는 수학, 과학, 국어, 역사 등 모든 과목은 막연했던 세상을 조금 더 분명하게 보게 해주는 '깨달음의 도구'가 되어야 한다.

하지만 이러한 깨달음은 가만히 앉아 있다고 해서 쉽게 얻어지지 않는다. 공부의 목적이 점수가 아닌 깨달음이 되기 위해서는 세 가지 준비가 필요하다. 이 과정은 쉽지 않은 여정이지만, 일상의 작은 부분부터 시작하면 누구나 도달할 수 있다. 첫째, 배우려는 의지이다. 단순히 시켜서 하는 것이 아니라, 내 머리로 직접 이해하겠다는 능동적인 마음이 있어야 한다. 운동을 하려면 몸을 일으켜 운동복을 입고 런닝화를 신은 뒤 문을 열고 나가야 한다. 이 단순한 과정조차 의지가 없으면 절대 실천할 수 없다. 공부도 마찬가지다. 지식을 받아들이기 전에 내 마음의 움직임, 즉 배우겠다는 의지가 먼저 선행되어야 한다.

둘째, 배움의 이유를 찾아야 한다. '내가 이것을 왜 배워야 하는가'에 대한 스스로의 답, 즉 배움의 정당성을 찾아야 한다. 정당성이 확보되지 않은 공부는 열정과 동기를 잃기에 십상이다. 내가 왜 이것을 배워야 하는지 스스로 이해하지 못하면, 공부하는 시간 자체가 인생의 낭비처럼 느껴진다. 이런 마음이 커지면 결국 학교에 가는 시간조차 아깝다고 여기게 된다. 따라서 공부를 지속하게 만드는 힘은 '이것이 나에게 왜 필요한가'라는 질문에 대한 대답에서 나온다.

셋째, 지식과 세상을 연결하는 시야이다. 의지와 이유를 찾았다면, 이제 내가 배운 지식을 세상과 연결해야 한다. 내가 배운 지식이 교실 안에서 머물지 않고 세상의 질서와 이치를 깨우치는 도구가 되도록 늘 깨어 있어야 한다. 앞서 나눗셈을 친구와의 갈등 해결에 적용했듯, 역사와 국어 등 모든 과목을 세상의 모습과 연결해 보려는 노력이 필요하다. 책 속의 지식을 교실 밖 세상으로 끌어낼 때 비로소 우리는 세상을 깊이 이해할 수 있다. 배움의 과정에서 세상을 이해하는 지혜를 얻고, 그 깨달음 자체에서 기쁨을 느끼는 것이 공부의 진정한 목적이 되어야 한다. 이러한 깨달음의 과정들이 하나둘 쌓이기 시작한다면 조금씩, 그러나 단단하게 우리는 성장한다.

자, 그럼 이를 위한 훈련의 예시를 살펴보자. 방법은 간단하다. 오늘 내가 배운 과목 중 가장 기억에 남는 내용을 하나 떠올려보자. 그런 다음, 그 이론이 나의 삶이나 세상의 모습과 어떻게 연결될 수 있는지 생각해 보고 적는 것이다.

예

---

1. 오늘 배운 지식

(과목/주제): 과학 시간의 '엔트로피 법칙'

핵심 내용(한 줄로 쉽게 정리): 무질서도가 증가하는 원리

2. 삶으로 연결하기

무질서 속에서도 새로운 무언가(플러스알파)가 생성될 수 있다. 그렇다면 서로 다른 생각을 가진 이들이 모여 더 좋은 '집단지성'을 만들 수 있다는 뜻이 아닐까?

3. 나의 깨달음(느낀 점)

서로 다르다는 것을 '틀린 것'으로 보지 않고, 그 차이를 어떻게 '플러스알파'로 만들 수 있을지 고민하고 해결한다면 최고의 집단지성을 만들 수 있다.

1. 오늘 배운 지식

과목/주제:

핵심 내용:

2. 삶으로 연결하기

연결하기:

3. 나의 깨달음

느낀 점:

처음에는 이런 연결이 익숙하지 않을 수 있다. 하지만 지식이 내 삶의 문을 두드리는 순간을 계속해서 경험한다면, 공부는 이제 지루한 암기가 아니라 즐거운 탐험이 된다. 진짜 공부는 내가 원하는 것에 '열정을 갖는 것'이다. 누가 시켜서가 아니라 내가 원해서 움직일 때, 책상 위에서의 능동적 배움은 드디어 시작된다. 나는 배움을 통해 매일 새로워지는 '열정자'다. 이제 타인의 시선을 위한 질주를 멈추고, 내 안의 목소리를 따라 진짜 공부를 시작하자.

"머리가 나빠요."라는 착각의 벽

"선생님, 저는 원래 머리가 나빠서 안 돼요."

많은 경우에 공부를 포기하는 진짜 이유는 성적이 안 나와서가 아니다. "나는 원래 머리가 나빠."라는 스스로 만든 한계 때문이다. 하지만 이것은 자신의 가능성을 부정하는 정말 큰 오해다. 우리 능력은 아예 없는 것이 아니라, 마치 종이접기처럼 내면 깊숙한 곳에 겹겹이 '접혀' 펼쳐지지 않았을 뿐이다.

공부란 외부의 지식을 머리에 억지로 쑤셔 넣는 게 아니라, 꼬깃꼬깃 접혀 있던 내 안의 무한한 가능성을 밖으로 시원하게 '펼쳐내는' 과정이다. 가끔 이미 그 주름이 활짝 펼쳐진 친구들을 볼 때가 있다. 어려운 수학 문제를 쓱쓱 풀어내거나, 영어로 유창하게 대화하는 친구를 보면 평범한 학생들은 덜컥 겁이 나고 초라해진다. "내 머리는 구겨진 휴지 조각 같은데, 쟤는 원래부터 천재였나 봐." 하지만 부러워하거나 좌절할 필요 없다. 그 친구는 단지 나보다 조금 먼저 그 주름을 폈을 뿐이다. 그 모습을 보며 우리는 스스로를 이렇게 다독여야 한다. "나는 못 하는 게 아니야. 내가 가진 역량의 주름이 아직 펼쳐지지 않았을 뿐이야." 이 믿음이 있다면 방법은 의외로 단순하다. "나는 안 돼."라는 패배의 마침표 대신, "아직은 아니야."라는 희망의 쉼표를 찍는 것이다. 구겨진 옷도 다림질을 반복해야 펴지듯, 우리 뇌에도 포기하지 않고 계속해서 자극이라는 열기를 가해주면 된다. 그때 욕심내어 한 번에 모든 것을 펼치려 할 필요도 없다. 복잡한 종이접기를 풀 때처럼, 오늘 당장 영어 단어 다섯 개, 수학 문제 세 개만큼의 '딱 한 겹'만 펼치면 된다. 그렇게 매일 한 겹씩 차분히 펼쳐나가다 보면, 어느새 내 안에서 웅크리고 있던 거대한 잠재력이 날개를 달고 세상 밖으로 드러나게 될 것이다.

실천 가이드

공부를 '내 것'으로 만드는 5가지 열쇠

✖ 열쇠 1. '해야 해서'가 아닌, '하고 싶어서'로

무턱대고 문제집부터 펴지 않는다. 공부 시작 전, 딱 1분만 펜을 들고 끄적여본다. "내가 이걸 왜 하지?", "성적 받아서 칭찬받으려고? 대학 가려고?" 남이 시켜서 하는 공부는 지겹다. 나는 공부의 이유를 나에게서 찾는다. "내가 나중에 멋진 건축가가 되려면 이 수학 공식이 무기가 되니까."라고 목표를 고쳐 쓴다. '해야 해서.' 하는 숙제가 아니라, '하고 싶어서.' 하는 내 꿈의 도구로 만드는 것이다.

✖ 열쇠 2. 억지로 삼키지 말고, 내 언어로 맛보기

하루에 딱 하나, '맛있는 지식'을 찾아낸다. 모든 걸 다 알 필요는 없다. 오늘 배운 것 중에 딱 하나라도 "오, 이건 좀 신기한데?" 싶은 지점을 찾는다. 그리고 교과서에 적힌 딱딱한 말이 아니라, 내 말투로 바꿔서 친구에게 설명해본다. 친구가 알아들으면 성공이다. 내가 설명할 수 없다면 아직 지식의 맛을 못 본 거다. 지식을 억지로 삼키지 않고, 씹고 뜯고 맛보고 즐기며 내 피와 살로 만든다.

✖ 열쇠 3. 밤샘의 훈장 대신, 프로의 컨디션을

밤샘은 자랑이 아니다. 나는 나를 '충전'한다. 졸린 눈을 비비며 억지로 앉아 있는 건 내 몸을 학대하는 짓이다. 멍하니 있기, 산책하기, 푹 자기는 시간 낭비가 아니다. 내 뇌가 뜨거워지지 않게 식혀주는 필수 예열 과정이다. 최상의 컨디션이 아니면 어차피 머리는 돌아가지 않는다. 나는 자기관리가 철저한 프로 운동선수처럼 내 몸과 뇌를 아껴주며 공부한다.

✖ 열쇠 4. 자책하는 오답이 아닌, 귀한 경험치로

틀린 문제는 나를 위한 '데이터'다. 시험지에 빗금이 그어졌다고 "나는 바보야."라며 자책하지 않는다. 틀린 문제는 나를 판단하는 도구가 아니라, "너 여기가 막혔어."라고 친절하게 알려주는 신호다. 실수는 감추어야 할 결점이 아니라, 내 레벨을 올리기 위해 획득한 소중한 경험치다. 오답 노트를 적으며 내 생각의 지도를 다시 그린다.

내가 배운 지식을 삶으로 연결하자. 공부의 완성은 책상 앞에서 끝나는 것이 아니다. 배운 지식을 내 삶의 태도와 연결할 때 지식은 비로소 지혜가 된다. 나눗셈을 배우며 나눔의 공정함을 생각하고, 과학을 배우며 세상의 질서를 관찰하는 태도를 갖추는 것이다. 지식이 머릿속에만 머물지 않고 나의 말과 행동, 그리고 타인을 대하는 태도로 이어질 때 우리는 성숙한 인간으로 나아갈 수 있다. 배움은 곧 삶을 살아가는 방식 그 자체이기 때문이다.

2장

정(情) 함께 몰입하며 성장하다

몸과 마음이 함께하는 공부

학교 운동회가 열리는 날을 떠올려보자. 평소에는 책상 앞에 힘없이 늘어져 있던 학생들이 이날만큼은 눈빛부터 달라진다. 반 티를 맞춰 입고 목이 터져라 응원하고, 이어달리기 주자가 역전이라도 하면 운동장은 떠나갈 듯한 함성으로 가득 찬다. 그 순간 학생들의 얼굴에는 생기가 넘치고, 온몸에서는 뜨거운 에너지가 뿜어져 나온다.

그런데 다음 날 교실로 돌아오면 어떤가? 어제 그 열정적이던 우리는 온데간데없고, 다시 무기력한 표정으로 문제집을 푼다. 도대체 하룻밤 사이에 무슨 일이 있었던 것일까? 왜 운동회 때의 그 폭발적인 에너지는 교실 안으로 바톤을 건네지 않는 것일까? 운동장에서 죽을힘을 다해 달리고 목이 터져라 응원하던 우리는, 교실 책상 앞에만 앉으면 왜 금세 생기 없는 구경꾼으로 변해버리는 것일까?

그 이유는 지금의 우리는 '통 속의 뇌(Brain in a vat)'와 같은 상태로 있기 때문이다. '통 속의 뇌'는 현대 철학에서 신체적 경험 없이 전기 자극만으로 가상의 현실을 느끼는 상태를 말한다. 이는 영화 〈매트릭스〉의 모티브가 되기도 했다. 지금 교실의 풍경이 이와 흡사하다. 학생들은 온종일 좁은 의자에 묶여, 오직 눈으로 활자를 읽고 머리로 정보를 처리하는 데만 모든 에너지를 쓴다. 운동회 날처럼 보고, 듣고, 만지고, 뛰는 오감은 차단된 채, 뇌의 인지 기능에만 과부하가 걸린 상태다.

철학자 스피노자는 '정신과 신체는 하나'라고 보았다. 신체가 활발하게 활동하고 느낄 때 정신도 비로소 깨어난다. 운동회 날 우리가 그토록 열정적일 수 있었던 이유는 몸과 마음이 하나 되어 움직였기 때문이다. 하지만 오늘날의 교실은 신체를 배움의 방해물로 취급한다. "조용히 해!", "움직이지 말고 집중해!"라는 통제 속에서 신체가 감옥에 갇히자, 정신의 활력인 '마음'도 자연스럽게 닫혀버렸다.

진정한 배움은 오감을 활짝 열고 배움에 빠져들 때 찾아온다. 이때 인간은 시간 가는 줄 모르는 '몰입'의 상태에 이른다. 몰입하는 순간에는 이른바 마스킹 효과(Masking Effect)가 발휘된다. 주변의 소음은 물론, 신체적인 통증조차 느끼지 못할 만큼 오로지 한 곳에만 집중하게 된다. 그 이유는 몰입하는 그 순간, 내가 무언가를 해내고 있다는 '성장의 증거'가 명확히 보이기 때문이다. 내가 가진 역량이 확장되고 있음을 실감할 때, 학생들은 형언할 수 없는 희열과 뿌듯함을 느낀다. 정신과 신체가 하나가 되어 "나 더 강해졌어!"라고 외치는 생명력의 분출, 그것이 바로 스피노자가 말한 진정한 기쁨이다. 그 과정이 비록 고통을 안겨줄지라도, 성장한 나의 모습이 주는 기쁨은 그 모든 것을 상쇄한다. 심리학자 칙센트미하이의 말처럼, 무언가에 미친 듯이 몰입해 있을 때 인간은 그 어느 때보다 "아, 나 진짜 살아있구나!" 하는 벅찬 충만감을 경험하게 된다.

운동회 날로 다시 돌아와 보자. 누가 등 떠밀지 않아도 줄다리기 경기에서 젖 먹던 힘까지 쏟아붓는 나를 본다. 손바닥에 물집이 잡혀도 대수롭지 않게 넘긴다. 고통보다 승리의 기쁨과 내 성장의 체감이 더 크기 때문이다. 만약 운동회가 교실 책상에 앉아 글과 말로만 치르는 경기였다면 누구도 열광하지 않았을 것이다. 오감의 문이 닫혔기 때문이다.

공부도 마찬가지다. 몸과 정신이 함께 움직여야 한다. 책상에 앉아 이론서만 파고드는 것이 아니라, 직접 종이를 잘라 붙여보거나 역사의 현장을 발로 누비며 감각을 깨워야 한다. 배운 내용을 마인드맵으로 그려보거나, 나만의 강의를 녹음해서 들어보는 것도 좋은 방법이다. 분명한 것은 책으로만 보는 것과 온몸으로 느끼는 것은 차원이 다르다는 사실이다. 이렇게 세포 하나하나에 각인된 지식은 절대 잊히지 않으며, 우리를 멈출 수 없는 몰입의 세계로 인도한다.

물론 한국의 교육 현실이 학생들의 오감을 충분히 자극하기에는 부족한 면이 있다. 이는 우리가 함께 고민하고 풀어가야 할 숙제임이 분명하다. 그러나 조금만 시선을 돌려보면 오감을 자극할 장소는 생각보다 많다. 박물관, 미술관, 혹은 대학 내의 전시관들은 이미 우리의 감각을 깨울 준비를 마친 채 그 가치를 발견해 줄 주인을 기다리고 있다.

결국 스스로 감각을 깨우기 위해 내가 배운 지식을 하나의 '재미있는 놀이'로 만들어야 한다. 나만의 감각을 깨울 콘텐츠를 직접 제작하거나 찾을 수 있는 학생만이, 그 지식을 온전한 자신의 것으로 소유하게 될 것이다.

학생 에듀맨십의 두 번째 열쇠인 '정(情)의 에듀맨십'은 바로 여기서 출발한다. 억압된 신체의 감각을 깨워 뇌와 몸을 다시 연결하고, 불안과 지루함의 늪에서 빠져나와 가슴 뛰는 몰입의 상태로 나를 이끄는 것이다.

감각에서 공감을 통한 창의까지

옛 선비들은 온종일 가부좌를 틀고 앉아 글을 읽고 시를 지었다. 그들이 그토록 긴 시간을 버틸 수 있었던 비결은 몸 수련을 게을리하지 않았기 때문이다. 이른 아침에 일어나 깨 끗이 씻고 맑은 공기를 마시며 산책을 하고, 계곡물 소리를 들으며 명상을 했다. 그 과정에서 떠오른 좋은 글귀를 바위 에 새기기도 했다. 이러한 활동은 몸을 단련함과 동시에 감 각을 예민하게 훈련하는 과정이었다.

우리의 뇌는 몸과 긴밀하게 연결되어 있다. 몸을 움직여 혈액순환이 원활해지고 감각이 깨어나면, 뇌 역시 굳어 있 던 사고에서 벗어나 훨씬 유연하게 움직이기 시작한다. 학생 인 우리도 공부를 잘하기 위해서는 이처럼 온몸의 감각을 깨 우는 몸 수련이 필요하다. 가벼운 조깅이나 홈트레이닝도 좋고, 주말에는 부모님이나 친구와 함께 자연경관을 보러 다니는 것도 좋다. 공부에만 매몰되어 몸을 돌보지 않으면 결국 체력이 바닥나고 금세 탈진하게 된다. 공부는 결국 체력 싸움이기 때문이다.

특히 방학 기간은 우리 몸의 리듬이 무너지는 가장 큰 위기의 순간이다. 학교에 가기 위해 맞췄던 알람을 꺼두고, 늦게 자고 늦게 일어나는 생활이 반복되기 쉽다. 이런 게으른 리듬이 습관으로 자리 잡으면, 우리 몸은 조금만 느슨한 시기가 와도 다시 그 달콤했던 유혹을 떠올리며 금세 게을러지고 만다. 그렇기에 방학일수록 스스로 더 엄격하게 일찍 일어나야 한다. 맑은 공기를 마시고 더 자주 산책을 다녀오며 몸의 활력을 깨우는 노력이 절실하다.

이와 더불어 식습관을 조절하고 몸에 좋은 음식을 선택하는 것 또한 공부의 중요한 일부이다. 물론 자극적이고 맛있는 음식을 통해 즉각적인 즐거움을 느끼는 것도 필요하다. 하지만 내 몸의 감각을 무디게 만드는 음식을 무분별하게 섭취하는 것은, 결국 스스로 자신의 잠재력을 갉아먹는 일과 다름없다. 부모님이 물려주신 소중한 몸과 정신을 최상의 상태로 유지하는 것은 나 자신에 대한 예의이자, 부모의 은혜에 보답하는 길이다. 나를 위해 더 좋은 것을 보고, 더 건강한 것을 먹으며, 더 가치 있는 것을 경험하려 노력해야 한다. 이러한 선택들이 하나둘 쌓일 때, 비로소 나라는 존재를 진정으로 귀하게 여기는 태도가 형성된다.

나를 위해 운동하고, 몸에 좋은 음식을 챙겨 먹고, 아름다운 풍경을 경험하는 모든 과정은 단순히 체력을 기르는 것에 그치지 않는다. 깨어난 감각을 통해 이전에는 무심코 지나쳤던 사소한 자극들을 새롭게 받아들이게 되고, 이러한 풍성한 감각 데이터들, 즉 상상의 재료들은 나를 비로소 창의적인 사람이 되도록 한다. 창의(창조)라는 건 사실 대단한 기술에서 시작되는 게 아니다. 그냥 우리 머릿속에 제멋대로 떠다니는 '상상'이 그 본질이다.

김동훈의 『인공지능과 흙』을 읽다 보면 참 흥미로운 대목이 나온다. 아주 먼 옛날, 고대인들도 이미 하늘을 날아다니는 자동차, 즉 '플라잉카'를 꿈꿨다는 사실이다. 그리스 신화나 오래된 도자기, 심지어 아테네 거리의 고고학적 유물들 속에도 그 흔적이 고스란히 남아 있다. 그러니까 지금 우리가 마주하게 된 이 첨단 기계들은 갑자기 툭 튀어나온 게 아니라, 이미 수천 년 전 인간의 상상 속에 그 씨앗이 심겨 있었던 셈이다. 그런데 여기서 한 가지 놓치지 말아야 할 게 있다. 상상은 단순히 멋진 기계를 만드는 기술적인 영역에만 머물지 않는다는 점이다. 상상은 '공감'과 아주 끈끈하게 연결되어 있다. 상상을 할 줄 알아야 비로소 '역지사지'가 가능해지고, 타인의 존재를 귀하게 여길 줄도 알게 된다.

결국 플라잉카 같은 혁신적인 발명품의 시작도 실은 따뜻한 마음이었을지 모른다. 보고 싶은 사람을 더 빨리 만나고 싶고, 가고 싶은 곳에 마음껏 가고 싶으며, 무엇보다 위급한 환자를 단 1분이라도 더 빨리 치료하고 싶다는 그런 간절함 말이다. 세상의 모든 창의(창조)는 누군가에게 도움이 되고 싶다는 다정한 시작점에서 탄생하기 마련이다.

내 오감을 총동원해 상상의 재료를 모으는 과정은, 단순히 창의적인 사람이 되는 법을 넘어 타인의 아픔에 깊이 귀 기울일 줄 아는 '공감 능력이 우수한 사람'으로 성장해가는 과정이다.

몸을 단련하는 것은 사고를 유연하게 만들고 상상력을 무한히 확장하며, 다른 사람과 공감하기 위한 가장 기초적인 단련이다. 몸의 긍정적인 변화를 느끼기 시작하면, 운동과 식단 관리가 억지로 해야 하는 '숙제'가 아니라 나를 성장시키는 '선물'임을 깨닫는 시기가 반드시 온다.

'찰나의 즐거움'보다 '진정한 우정'으로

인간은 오감을 통해 정보를 인식하고 판단한다. 오감의 발달이 가장 활발하게 일어나는 시기는 영유아기이다. 이 시기에 들어오는 풍부한 자극은 지능, 감성, 사회성 발달의 밑거름이 된다. 감각적으로 예민한 시기가 영유아기라면, 자극에 대한 보상심리가 가장 강력한 시기는 청소년기이다. 보상심리란 어떤 행동을 했을 때 얻게 되는 쾌감이나 이득을 기대하고, 그 기분을 다시 느끼고 싶어 하는 마음을 말한다. 흔히 말하는 '도파민'의 작용이다.

도파민이 분비되어 기분이 좋아지면, 우리 뇌는 "이 행동은 좋은데? 다음에 또 해!"라고 기억하며 그 행동을 반복하도록 만든다. 이 시기에 게임이라는 강한 자극이 들어오면 게임 중독에 빠지기 쉽다. 게임 속에서 상대를 이기거나 남보다 큰 보상을 받을 때 도파민이 강하게 작동하여 계속 게임을 하도록 부추기기 때문이다. 그래서 청소년기의 게임 중독을 막으려면 게임보다 더 강력한 자극을 주는 쪽으로 시선을 돌려야 한다. 이때의 자극은 앞서 밝혔듯 오감을 통해 나의 성장을 돕는 곳으로 향하도록 해야 한다. 단순한 쾌락이 아닌 적당한 고통과 노력이 따르더라도 나 자신에게 좋은 결과를 가져다주는 일을 찾아야 한다. 학생 스스로 정말 하고 싶은 일을 찾고, 그 길을 걸어가는 과정에서 얻는 '성취감'이라는 건강한 도파민을 경험하는 것이야말로 게임 중독에서 벗어나는 가장 좋은 방법이다.

물론 이러한 과정은 말처럼 쉽지 않기에 우리는 번번이 실패하곤 한다. 특히 청소년기에는 친구 관계가 삶의 핵심이 되면서, 게임을 매개로 소통하는 친구와 가까워질 확률이 압도적으로 높다. 이 시기의 게임은 단순한 놀이를 넘어 또래 관계를 유지하는 강력한 중심축이 되기 때문이다. 이때 발생하는 뜨거운 감각의 에너지는 배움으로 향하는 대신, 가상의 승리와 그 안에서의 유대감을 향해 쏟아진다. 게임 속에서는 즉각적인 성취와 연결감을 맛볼 수 있지만, 배움의 과정은 그만큼 짜릿한 보상이나 단기간의 깊은 우정을 즉각적으로 주지 못한다. 친구와 승리의 즐거움을 공유하며 느끼는 게임의 행복은 때로 가족과 함께 있을 때보다 훨씬 크게 다가온다. 이렇듯 관계의 기쁨과 게임의 자극이 결합하면, 웬만한 의지가 아니고서야 그 달콤한 늪에서 벗어나기란 결코 쉽지 않다.

학생들은 혼자보다 또래와 함께할 때 즐거움을 배로 느낀다. 하지만 그 즐거움이 서로의 성장을 독려하는 건강한 관계로 이어지는 경우는 안타깝게도 현실에서 그리 많지 않다. 오히려 친구와 함께 있다는 안도감은 때로 올바른 판단력을 흐리게 만들고, 작은 비행의 유혹에 자신도 모르게 빠져들게 한다. 친구와 함께일 때 생겨나는 '근거 없는 용기'가 잘못된 방향을 향하는 순간, 우리가 가진 배움의 에너지는 순식간에 파괴적인 힘으로 변질된다.

이제 우리는 스스로에게 물어야 한다. 우리는 서로에게 유익함을 나눠주며 각자의 성장을 격려하는 사이인가, 아니면 서로의 눈치를 보며 함께 퇴보하는 사이인가? 만약 단지 게임이나 일시적 쾌락만을 공유하는 사이라면, 그것이 과연 내 삶을 지탱해 줄 진정한 우정인지 진지하게 의문을 품어보아야 한다.

우리는 언젠가 학교를 떠나 사회로 나간다. 그때 힘들고 지친 나를 진심으로 다독여줄 수 있는 '좋은 친구'는 삶의 가장 큰 위로가 된다. 때로는 부모님이나 가족에게조차 꺼내기 힘든 고민을 친구에게는 서슴없이 털어놓기도 한다. 이렇게 소중한 관계가 학창 시절부터 서로의 성장을 돕는 방향으로 단단해져 왔다면, 성인이 되어서도 서로에게 가장 큰 힘이 되어주며 지속될 것이다. 반대로 청소년기에 진정한 친구의 가치를 경험하지 못하면, 성인이 된 이후에도 진정한 우정의 인연을 맺기 힘들어진다. 그때가 되어서도 그저 자신의 쾌락을 채워줄 도구로서의 친구만을 찾기에 바쁘기 때문이다.

진정한 우정은 게임이나 반짝이는 유행을 함께 소비하는 사람이 아닌, 서로의 꿈을 응원하고 배움의 과정에서 얻은 깨달음을 나누며 함께 성장하는 사이가 되어야 한다. 친구를 소중히 여기고 그의 성장을 돕는 과정은 곧 나 자신을 사랑하고 나의 미래를 가꾸는 일과 같다.

서로 돕는 성장 에너지인가, 불안을 가리는 수단인가

학창 시절 또래와의 관계는 정서적으로 막대한 영향을 미친다. 2025년 통계청 사회 조사에 따르면, 학생 및 청소년이 고민을 상담하는 대상은 부모 등 가족보다 친구나 동료(40.7%)가 가장 많았다. 이러한 경향은 연구 결과로도 증명된다. 「BMC Psychology」(2024)의 연구 자료에 의하면 친구 사이에서 긍정적인 지지를 받는 학생일수록 학교생활 만족도가 높았다. 심리적 안정은 자연스럽게 학업 성취도 향상으로 이어진다. 「IOSR-JHSS」(2024) 역시 함께 공부하는 모임과 같은 긍정적인 관계는 성적 향상에 도움이 되지만, 또래 집단의 압력이 커질수록 학업 성취도는 떨어진다고 밝혔다. 반면 괴롭힘과 같은 부정적인 관계를 경험한 학생들은 학업 동기가 저하된다. 이는 관계가 학습 동기를 거쳐 학업 성취도에 이르는 핵심 고리임을 보여준다.

친구는 한 개인의 세계를 넓혀주는 창이자 성장의 가장 강력한 동력이다. 학생 시기에는 학업에 몰입하듯 친구를 사귈 때도 모든 감각을 동원한다. 작은 일에 상처받고 사소한 배려에 감동하는 예민함은 그만큼 관계에 온 힘을 다한다는 증거이다. 학업 중단 청소년의 62%가 학교를 떠난 후에도 친구를 그리워하며 학교 주변을 맴돈다는 이주연·정제영(2015)의 연구 결과는 주목할 만하다. 친구를 그리워하며 담장 밖을 서성이는 행동은, 이 시기 학생의 세계에서 친구가 차지하는 비중이 절대적임을 보여준다.

그러나 관계를 유지하려는 욕심이 때로는 왜곡된 선택을

부르기도 한다. 무리 내 위치를 잃을까 봐 인기 있는 친구에게 과도하게 매달리거나, 다른 친구를 소외시키고 거짓말을 하는 비겁한 방법을 쓰기도 한다. 우정이라는 이름으로 행해지는 이러한 행동들은 관계를 지키려는 노력이 아니다. 그것은 자신의 내면에 숨겨진 불안을 감추기 위한 수단에 불과하다. 이런 방식으로 맺어진 관계는 진심이 빠져 있기에 작은 오해에도 모래성처럼 쉽게 무너진다.

더 심각한 것은 수단으로 전락한 관계가 초래하는 치명적인 상처이다. 은둔형 외톨이 중 상당수가 학창 시절 관계의 왜곡을 경험했다는 사실은 누군가를 도구로 삼는 행위가 한 사람의 삶을 얼마나 처참하게 무너뜨리는지 뒷받침한다. 2023년 「고립·은둔 청년 실태 조사」에 의하면 고립의 시작 시점이 10대였다고 응답한 비율은 23.8%에 달했다. 특히 10대 고립 이유 중 27.1%는 '대인관계의 상처' 때문이었으며, 그중 폭력이나 괴롭힘 경험이 15.4%를 차지했다. 이들은 미래에 대한 희망을 잃고 대인 접촉을 두려워하는 트라우마를 안고 살아간다. 결국 친구는 학교라는 공간을 유지하게 하는 가장 큰 이유인 동시에, 그곳을 떠나게 만드는 이유가 되기도 한다.

나의 불안을 해소하기 위해 친구를 수단으로 삼는 순간, 그 관계는 더 이상 우정이 아니다. 그것은 서로의 영혼을 갉아먹는 독이 된 폭력일 뿐이다. 누군가를 곁에 두는 이유가 오로지 혼자 남겨지는 두려움 때문이거나 나의 결핍을 채우기 위한 이용이라면 그 관계는 건강할 수 없다. 따라서 우리는 지금 나의 우정이 누군가를 아프게 하며 유지되는 것은 아닌지, 나의 불안을 가리기 위한 가면은 아닌지 되돌아보아야 한다. 안도감을 얻기 위해 타인을 소외시키는 행위에 방조하거나, 자신의 약점을 감추려 거짓된 모습으로 웃고 있지는 않은지 성찰이 필요하다. 진정한 관계는 자신의 불안을 타인에게 떠넘기는 것이 아니라, 각자가 단단한 개인으로 서서 서로를 마주할 때 진정으로 시작된다.

우정의 결말, 또 다른 '나'

친구는 나의 필요를 채우기 위한 도구가 아니라, 그 존재 자체로 존중받아야 할 목적이다. 친구가 나를 수단으로 이용하지 않을 것이라는 굳건한 믿음이 있을 때, 우리 내면에는 깊은 정서적 안정감이 자리를 잡는다. 중요한 것은 이 안정감이 단순히 '기분 좋은 상태'에 머물지 않는다는 점이다. 나를 있는 그대로 받아주는 친구라는 존재가 곁에 있다면, 우리는 남들에게 보여 주기 위한 가면을 벗고 자신의 약점까지 솔직하게 드러낼 용기를 얻게 된다. 혼자서는 마주하기 힘들었던 나의 부족한 점이나 숨기고 싶은 모습까지 친구라는 거울을 통해 객관적으로 바라볼 수 있게 되는 것이다. 이러한 과정을 거치며 우리는 타인에게 휘둘리지 않는 주체적인 자아를 점진적으로 완성해 나간다.

친구의 성장을 내 일처럼 기뻐할 수 있는 이유도 여기에 있다. 내 옆의 친구를 경쟁자가 아닌 소중한 동반자로 바라볼 때, 그 관계는 서로의 삶을 지탱하는 가장 단단한 뿌리가 된다. 진정한 성장의 즐거움은 나 혼자 앞서가는 것이 아니라, 친구와 함께 발맞추어 걸으며 그 안에서 나 자신의 가치를 재발견하는 데서 시작된다.

이제 우정의 의미를 더 명확히 세우기 위해 아리스토텔레스의 통찰을 빌려보자. 그는 친구를 일컬어 '제2의 자신'이라고 정의했다. 친구란 단순히 내 곁에 머무는 타인이 아니라, 나를 비추는 또 다른 나라는 뜻이다. 그는 진정한 우정이 존재하기 위해서는 세 가지 필수적인 요소가 충족되어야 한다고 말한다. 이 조건들이 갖춰질 때, 비로소 우리는 관계를 수단으로 삼는 단계를 넘어 영혼의 깊은 유대감을 형성하는 단계로 나아간다.

- 탁월함: 학생으로서 본분을 다하며 최선을 다해 자신의 역할을 수행하는 모습이다. 서로의 성실함이 존재할 때 우정은 단단해진다.
- 유익함: 올바른 이익과 도움을 주고받는 것이다. 좋은 정보나 배움을 아낌없이 나누며 서로에게 실질적인 성장의 기회를 제공해야 한다.
- 즐거움: 모든 감각을 동원해 서로에게 몰입하고 관계에 최선을 다할 때 얻어지는 깊은 감정이다.

이 세 가지를 공유하는 친구가 있다면, 그 친구는 바로 '제2의 자신'임이 틀림없다. 수단적 관계에서 느끼는 가짜 즐거움은 배신과 상처를 남기지만, 진정한 우정의 즐거움은 우리를 함께 자라게 한다.

그렇다면 이제 아래 질문을 통해 지금 나의 우정이 어느 지점에 있는지 스스로 점검해 보자.

Q1. 친구 관계에 대한 나의 생각은 어느 쪽인지, 다음 유형 중 하나를 골라보자.

(체크가 많을수록 해당 경향이 강함을 의미한다)

유형 A

☐ 나보다 인기가 많거나 공부를 잘하는 친구 옆에 있어야 내 이미지도 좋아질 것 같다.

☐ 숙제나 정보가 필요할 때만 주로 연락하게 되는 친구가 있다.

☐ 나에게 이득이 될 것 같은 친구와 그렇지 않은 친구를 은근히 급을 나누어 대한다.

☐ 친구가 나보다 잘나가면 축하보다는 시기심이나 불안감이 먼저 든다.

▶ 결과: '수단적 관계' 경향

친구를 나의 필요를 채우기 위한 도구로 바라보는 상태이다. 아리스토텔레스가 말한 '유익함'이나 '즐거움'이 오로지 나만의 이익을 위한 수단으로 전락할 때, 관계는 쉽게 깨지고 배신과 상처를 남기기 쉽다.

유형 B

☐ 특별한 용건이 없어도 그냥 같이 있는 시간 자체가 마음 편하고 즐겁다.

☐ 친구가 슬픈 일을 겪으면 나도 진심으로 마음이 아프고 돕고 싶다.

☐ 나의 실수나 못난 모습을 보여줘도 이 친구라면 나를 비난하지 않을 것
　이라는 믿음이 있다.

☐ 친구가 잘되었을 때 마치 내 일처럼 기쁘고 진심으로 응원하게 된다.

▶ 결과: '목적적 관계' 경향

친구를 그 자체로 소중한 인격체로 대하고 있다. 이러한 관계는 아리스토텔레스가 강조한 '탁월함'을 서로 공유하며 성장을 돕는 가장 이상적인 우정의 모습이다.

Q2. 나에게 '심리적 안전지대'와 같은 존재인 친구는 누구인지 생각하여 적어보자.

(심리적 안전지대란 내가 가면을 쓰지 않고 나의 약점이나 고민을 솔직하게 말해도 온전히 수용될 것이라는 확신이 드는 관계를 의미한다)

내 마음속 안전지대가 되어주는 친구의 이름은?

이름:

그 친구가 편안하게 느껴지는 구체적인 이유는 무엇인가?

이유:

Q3. 나는 친구에게 어떤 '도움'을 주는 사람인가? 아리스토텔레스의 탁월함(성실함), 유익함(도움 공유), 즐거움(함께함의 기쁨)의 관점에서 나의 모습을 생각해 보자.

탁월함:

유익함:

즐거움:

마무리: 이 체크리스트는 친구를 점수 매기기 위함이 아니라, 내가 친구를 대하는 태도를 돌아보기 위함이다. 친구를 '수단'으로 삼을 때 느끼는 즐거움은 일시적인 쾌락일 뿐이지만, 친구를 '목적'으로 대할 때 비로소 우리는 우울감을 극복하고 주체적인 자아를 완성할 수 있다.

서로를 빚어 함께 성장하기

공부는 혼자 하는 외로운 싸움이라고만 생각했다. 꽉 막힌 독서실 칸막이 안에서, 오직 나 자신하고만 싸우는 고독한 전쟁이라고 믿었다. 그런데 이제야 조금은 알 것 같다. 진짜 깊은 배움은 결코 혼자가 아니라, 우리가 함께 마음을 나눌 때 비로소 완성된다는 사실을 말이다.

나 혼자서는 내 뒷모습을 볼 수 없어 거울이 필요하듯, 나에게는 내 진짜 모습을 비춰줄 친구가 필요하다. 그동안 우리는 교실에서 어떤 친구였을까? 숙제 보여줄 때나 준비물 빌릴 때만 찾는 사이? 아니면 같이 게임하고 수다 떨 때만 즐겁고, 재미없어지면 금방 멀어지는 그런 가벼운 사이였을까? 솔직히 말해, 이런 건 진짜 우정이 아니었을지도 모른다. 우리가 만들어가야 할 진짜 우정은 서로의 훌륭한 점을 바라봐 주는 것이다.

"와, 쟤는 진짜 끈기 있다.", "내 친구지만 생각하는 게 참 깊구나." 이렇게 '네가 가진 장점을 진심으로 존경하고, 나도 너를 닮고 싶어 하는 마음.' 그것이 진짜 우리에게 필요한 우정이다. 이런 마음으로 서로를 바라보면 정말 놀라운 기적이 일어난다. 마치 조각가가 흙을 정성스럽게 빚듯이, 좋은 친구는 서로의 성격과 인생을 아름답게 빚어준다. 친구가 포기하지 않고 끙끙대며 수학 문제에 도전하는 뒷모습을 볼 때, 사실 내 안에서도 "나도 한번 해볼까?" 하는 용기가 꿈틀댄다. 내가 친구의 힘든 고민을 들어줄 때, 내 마음의 그릇도 조금 더 넓어지고 따뜻해진다.

우리는 서로가 서로를 더 괜찮은 사람으로 만들어주는 조각가인 셈이다. 이건 혼자서 문제집만 풀어서는 절대 얻을 수 없는 성장의 비밀이기도 하다. 나와 생각이 조금 다르고, 살아온 환경이 달라도 괜찮다. 그 다름조차 서로의 매력으로 인정해줄 때, 우리 교실은 세상에서 가장 멋진 작은 사회가 된다.

그러니 이제 옆자리에 앉은 너를 내 성적을 뺏어갈 경쟁자라고 부르지 않겠다. 너는 적이 아니라, '나의 인격을 완성해 줄 소중한 파트너'이자 또 다른 '나'이기 때문이다. 우리가 공부하는 이유는 남을 밟고 일어서기 위해서가 아니라, 서로의 빛나는 모습을 알아봐 주고 서로를 최고의 모습으로 일으켜 세워주기 위해서다.

나의 좋음이 너의 좋음으로 연결되고, 우리의 열정이 함께 타오를 때. 그때 우리는 외로운 공부 기계가 아니라, 더불어 성장하는 진짜 행복한 사람이 될 수 있다. 이제 차가운 머리 싸움 대신, 따뜻한 손을 잡고 같이 나아가야 한다. 그곳에 우리가 그토록 찾던 진짜 배움의 기쁨이 기다리고 있을 것이다.

실천 가이드
배움과 우정을 키우는 5가지 열쇠

✖ 열쇠 1. 몸을 단련하여 감각의 엔진을 켜라

정신과 신체는 하나다. 책상 앞에만 갇혀 억압된 신체는 감각을 무디게 만든다. 하루 30분이라도 땀 흘려 운동하며 몸의 감각을 깨워라. 몸이 활기차게 움직일 때 비로소 뇌도 몰입할 준비를 마친다. 탄탄한 체력은 지루함과 불안을 이겨내고 배움의 열정을 지속시키는 가장 강력한 엔진이다.

✖ 열쇠 2. 오감으로 배우고 세포에 각인하라

눈으로만 읽는 공부는 반쪽짜리다. 배운 내용을 직접 손으로 그리거나, 말로 설명하거나, 몸의 움직임과 연결해 보라. 오감을 골고루 사용할 때 지식은 머리가 아닌 세포에 새겨진다. 감각이 살아날수록 배움은 지루한 노동이 아닌 짜릿한 탐험이 된다.

✘ 열쇠 3. '성장의 증거'를 시각화하라

게임처럼 내 레벨이 올라가는 것을 눈으로 확인하라. 오늘 새로 알게 된 개념 하나, 해결한 문제 하나를 나만의 방식으로 기록하라. "나 더 강해졌어!"라고 외칠 수 있는 구체적인 증거를 매일 마주할 때, 고통을 잊게 만드는 몰입의 희열이 찾아온다.

✘ 열쇠 4. 서로의 성장을 비추는 '진실한 거울'이 되어라

단순히 즐거움을 공유하는 관계에서 벗어나라. 친구는 나의 숨은 모습을 비춰주는 거울이다. 혼자 남겨지는 두려움 때문에 친구를 이용하지 말고, 친구의 진심 어린 조언을 성장의 기회로 삼아라. 친구의 성취에 진심으로 박수를 쳐줄 때 관계의 뿌리는 단단해지고, 배움의 에너지는 혼자일 때보다 몇 배나 증폭된다.

✘ 열쇠 5. 지식을 나만의 콘텐츠로 재창조하라

배운 내용을 단순히 암기하는 데서 그치지 말고, 영상이나 글, 그림으로 직접 제작해 보자. 지식을 '소비'하는 사람에서 '생산'하는 사람으로 거듭날 때 배움은 세상에서 가장 재미있는 놀이가 된다.

의(意) 책임질 줄 아는 성숙함

시작은 결심으로, 완성은 의지로

머리는 맑아졌고 가슴은 뜨거워졌다. 모든 준비는 끝났다. 하지만 이상하게도 우리는 아직 출발선에서 한 발자국도 떼지 못했다. 우리가 매번 작심삼일의 늪에 빠져 좌절하는 건, 생각이 부족해서도 아니고 열정이 식어서도 아니다. 단지 머릿속의 결심을 당장 손발의 움직임으로 바꿔내는 그 마지막 힘, 실천하는 의지가 멈춰있기 때문이다. 아무리 완벽한 지도와 뜨거운 엔진이 있어도 바퀴가 구르지 않으면 그 차는 멈춰있는 고철 덩어리에 불과하다. '아는 것과 행하는 것' 사이의 이 거대한 강을 건너지 못하면 모든 다짐은 공상으로 끝난다. 이제 생각의 감옥에서 벗어나, 내 안에 잠재된 실천의 에너지를 깨울 차례다.

에듀맨십에서 말하는 의(意), 즉 의지란 단순히 하기 싫은 걸 억지로 꾹 참고 견디는 미련한 인내심이 아니다. 진짜 의지는 실패가 무서워서 도망치고 싶을 때 한 번 더 덤비는 끈기이며, 나 혼자 앞서가려는 욕심이 아닌 함께 나아가려는 성숙한 책임감이다. 내가 먼저 실력을 단단히 쌓아야 비로소 친구가 힘들 때 손을 잡아주고 함께 성장할 수 있기 때문이다. 이것이 바로 진짜 멋진 열정자가 세상에서 자신을 증명하는 방식이다.

그렇다면 이 막연한 의지를 어떻게 내 것으로 만들 수 있을까? 대개 의지는 계획표를 짤 때 생기는 비장한 마음이라고 생각하기 쉽다. 하지만 진짜 의지는 공부가 즐거울 때가 아니라, 오히려 하기 싫고 두려운 장애물을 만났을 때 비로소 그 모습을 드러낸다.

새 학기가 시작되거나 시험 기간이 다가오면, 우리는 누구나 비장한 표정으로 서점에 가서 문제집을 사고 빽빽하게 계획표를 짠다. "이번엔 진짜 제대로 해보자!"라고 다짐하는 건 세상에서 가장 쉬운 일이다. 하지만 그 뜨거운 결심을 작심삼일을 넘어 한 달 이상 이어가는 학생은 손에 꼽을 정도다. 우리가 매번 자신과의 약속을 지키지 못하는 건 특별히 나약

해서가 아니라, 매일 똑같이 되풀이되는 지루한 시간 때문이다. 틀린 문제를 고칠 때는 오기라도 생기지만, 이미 아는 내용을 반복하거나 정해진 분량을 묵묵히 채우는 일은 그저 따분한 노동으로 여긴다.

많은 학생이 어려운 문제는 잘 풀어내고도 정작, 이 '꾸준함'이라는 시험대 위에서 무너지고 만다. 사실 처음 공부를 시작할 때의 뜨거운 열정은 오래가지 않는다. 뇌과학으로 볼 때, 의욕을 불태우는 호르몬은 며칠이면 바닥나기 때문이다. 결국 진짜 실력은 설렘이 사라진 뒤 찾아오는 무미건조한 시간을 어떻게 견뎌내느냐에 달려 있다. "공부는 머리가 아니라 엉덩이로 한다"라는 말은 그래서 진리다. 하지만 단순히 앉아만 있다고 해결되지는 않는다. 다음과 같이 유혹을 뿌리치고 몸을 움직이게 할 구체적인 행동 전략이 필요하다.

첫 번째, 스마트폰과 물리적 거리를 두는 것이다. 폰이 눈에 보이는 곳에 있다면 이미 의지 싸움에서 패배한 것이나 다름없다. 우리 뇌는 스마트폰을 보는 것만으로도 도파민을 기대하며 집중력을 분산시키기 때문이다. 공부할 때만큼은 핸드폰을 거실에 두거나 서랍 깊숙이 가둬라. 의지는 참는 힘이 아니라, 유혹의 거리를 멀리하는 기술이다. 눈에서 멀어지는 이 작은 행동 하나가 나의 의지력 절반을 채워줄 것이다.

두 번째는 5초의 법칙을 적용하는 것이다. "아, 눕고 싶다, 유튜브 딱 하나만 볼까?" 하는 유혹의 목소리가 들릴 때는 생각할 틈을 주지 마라. 뇌가 게으름을 피울 명분을 만들기 전에 마음속으로 "5, 4, 3, 2, 1"을 카운트다운하라. 그리고 0이 되는 순간, 로켓이 발사되듯 무조건 몸을 일으켜 책상에 앉아라. 거창한 미래를 꿈꾸는 것보다, 오늘 정한 단어 30개를 졸음을 참아가며 끝까지 외우는 구체적인 행동이 훨씬 강력하다.

세 번째는 심리적 문턱을 낮추는 '딱 15분만' 전략이다. 공부량이 너무 많아 엄두가 안 날 때는 "딱 15분만 앉아 있자."라고 자신을 달래보자. 일단 시작하면 우리 뇌는 가속도를 얻어 계속할 힘을 만들어낸다. 시작이 반이 아니라, 시작이 전부다.

마지막으로, 배운 것을 친구에게 전수하며 완성해 보자. 의지의 끝은 나 혼자 잘하는 것에 머물지 않는다. 오늘 배운 것 중 가장 핵심적인 내용을 친구에게 설명해 주자. 친구가 이해할 수 있게 쉬운 말로 전수하는 과정에서, 흩어져 있던 지식은 비로소 내 뇌에 완벽히 각인된다. 친구의 성장을 돕는 이타적인 마음이 역설적으로 나의 실력을 가장 빠르게 키워주는 강력한 동력이 된다.

진짜 의지는 설레는 마음으로 계획표를 짤 때 나오는 게 아니라, 공부가 귀찮아지고 두려움이라는 장애물을 만났을 때 드디어 증명되는 힘이다. 계획을 세우는 것까지는 머릿속의 즐거운 상상에 불과하다. 기분이 좋을 때 책상에 앉는 건 누구나 할 수 있다. 하지만 정말 하기 싫은 날, 그 무거운 감정을 이겨내고 끝내 책을 펴는 한 걸음. 그것이 바로 우리가 실제로 길러야 할 실천력의 본모습이다.

빨간 빗금은 나를 비웃지 않는다

어렵게 마음을 다잡고 책상에 앉았다고 해서 곧바로 공부가 즐거워지는 것은 아니다. 오히려 책장을 넘기는 순간, 우리는 또 다른 강력한 적을 마주하게 된다. 바로 '나의 부족함'을 확인해야 하는 고통이다. 공부를 하다 보면 반드시 벽에 부딪히는 순간이 온다. 아무리 읽어도 이해되지 않는 공식, 뒤돌아서면 까먹는 단어, 그리고 채점할 때 시험지 곳곳에 가차 없이 그어진 빨간 빗금들을 마주할 때다. 이때 대부분은 "나는 머리가 나쁜가 봐, 이번 생은 망했어."라며 스스로 한계를 긋고 멈춰 선다.

하지만 진짜 실천하는 의지를 가졌다면 이 순간을 완전히 다르게 해석한다. 한 번의 실수는 '너는 부족해.'라고 비난하는 성적표가 아니다. 단지 아직은 목표에 도달하지 못했다는 사실을 알려주는 정직한 데이터일 뿐이다.

그러니 앞으로 틀린 문제를 마주하면 부끄러워하거나 숨기지 말자. 빨간색 빗금은 나를 공격하는 무기가 아니라, "여기가 네 약점이니까 이것만 보완하면 레벨 업 할 수 있어!"라고 알려주는 가장 친절한 신호등이다. 틀렸을 때 한숨 쉬며 짜증 내는 대신, 오히려 "드디어 내가 모르는 부분을 찾아냈다!"라고 외쳐보는 건 어떨까? 그 지점을 알 때까지 물고 늘어지는 집요함, 그것이 실패를 성공의 재료로 바꾸는 의지의 핵심이다.

선배에게 묻는 성장의 길

모르는 것을 끝까지 알아내기 위해 나보다 조금 더 먼저 지식을 습득한 동료에게 도움을 청하는 것은 지혜로운 선택이다. 하지만 시야를 조금 더 넓혀보자. 학교 선배에게 찾아가 멘토가 되어달라고 자청하는 것은 공부의 효율을 비약적으로 높여주는 강력한 열쇠가 된다. 선배는 불과 1, 2년 전 내가 겪고 있는 고민과 시행착오를 똑같이 통과해 온 '먼저 온 미래'이기 때문이다. 먼저 그 길을 걸어간 선배들은 교과서가 알려주지 않는 실질적인 조언을 건네준다. 예를 들어, 진학할 학교를 고민할 때 각 학교의 분위기나 실제 수업의 특징을 생생하게 들려줄 수 있고 특정 과목이 유독 어려울 때 선배들만의 독특한 암기법이나 효율적인 노트 필기법을 전수해 주기도 한다. 무작정 혼자 힘들어하며 시간을 허비하기보다, 선배의 검증된 방식을 먼저 겸손하게 배우고 따라 해보자. 거인의 어깨 위에 올라타 세상을 보듯, 선배의 경험을 빌려 쓰는 과정에서 드디어 나에게 가장 잘 맞는 최적의 공부 전략을 발견할 수 있다.

또한 선배와의 멘토링은 단순히 지식을 얻는 것에 그치지 않는다. 막막한 수험 생활이나 성적의 정체기를 극복한 선배의 이야기를 듣는 것만으로도 거대한 위로와 동기부여를 얻는다. "나도 그랬지만 결국 해냈어."라는 한마디는 그 어떤 조언보다 강력하게 우리의 의지를 붙들어준다.

공부의 완성, 선생님을 향한 '존경'

교실 안의 분위기는 학생의 성장에 결정적인 영향을 미친다. 서로를 시기하고 질투하는 삭막한 분위기 속에서는 누구든 위축될 수밖에 없다. 반대로 서로를 돕고 아끼는 마음, 그리고 가르침을 주는 선생님을 존경하며 따르는 태도는 교실 내에 긍정적인 바람을 일으켜 모두의 성장을 돕는다.

이러한 분위기를 만드는 주체는 바로 우리 자신이다. 만약 어떤 학생이 선생님을 무시하거나 뒤에서 험담한다면, 군중심리에 의해 교실 전체가 부정적인 감정에 휩싸이기 쉽다. 하지만 기억해야 할 사실이 있다. 우리 앞에 서 계신 선생님 역시 누군가의 소중하고 귀한 자식이며, 한 가정의 귀한 구성원이라는 점이다. 선생님은 그 자리에 서기까지 수많은 공부와 절제를 거듭하며 삶을 일궈온 분들이다. 우리 부모님이 밖에서 존중받기를 바라는 마음처럼, 우리 또한 선생님을 인격적으로 존중해야 한다. 선생님의 지식을 본받고 좋은 에너지를 흡수하려 노력하는 것은 결국 나를 위한 선택이자, 한 인간에 대한 기본적인 예의다.

물론 때로는 비이성적인 교사를 마주할 수도 있다. 그럴 때는 무례한 태도로 맞서기보다, 정중하게 편지를 남겨 오해를 풀거나 의견을 전달하는 성숙함을 발휘해야 한다. 분명한 것은 선생님을 깎아내리는 말과 행동은 결국 내가 공부할 '교실의 문화를 파괴하는 행위'라는 점이다.

우리는 스스로 배움의 문화를 일궈나가는 주인이 되어야 한다. 선생님의 장점을 찾아 친구와 공유하고, 친구의 본받을 점을 발견해 또 다른 동료에게 전해주자. 이렇게 서로의 장점을 연결하는 멘토링과 파트너십을 스스로 실천할 때, 교실은 드디어 누구도 멈출 수 없는 강력한 성장의 장소로 변모한다. 이것이 바로 학생인 내가 성장하는 가장 확실한 지름길이다.

실천하는 배움, 빛나는 세상

마지막으로, 우리의 배움은 교실 담벼락을 넘어야 한다. 우리가 공부하는 이유는 단순히 시험을 잘 봐서 좋은 대학에 가기 위함이 아니다. 내가 배운 지식을 무기로 삼아, 이 세상을 지금보다 조금 더 괜찮은 곳으로 만들기 위해서다.

거창한 위인전 이야기가 아니다. 내가 배운 것을 아주 사소한 곳에라도 적용해 보는 '선한 오지랖'을 부려보자. 과학 시간에 환경 오염을 배웠다면 급식 시간에 잔반을 줄이는 행동으로 옮겨보고, 사회 시간에 법과 규칙을 배웠다면 길가에 떨어진 쓰레기를 줍는 것이다. 영어를 배웠다면 길 잃은 외국인에게 용기 내어 말을 걸어보고, 컴퓨터를 잘한다면 스마트폰 사용이 서툰 어르신들께 사용법을 알려드리는 것도 훌륭한 지식의 활용이다.

'아, 내가 배운 게 쓸모가 있구나!', '내가 누군가에게 도움이 되는 사람이구나!' 이 사실을 깨닫는 순간, 학생인 나는 성적표의 숫자 따위와는 비교도 안 되는 엄청난 자존감을 느끼게 될 것이다. 기억하자. 진짜 멋진 학생은 혼자 1등 하는 사람이 아니다. 자신의 배움으로 친구를 돕고, 더 나아가 세상을 따뜻하게 만드는 사람, 그가 바로 우리가 꿈꾸는 진정한 '열정자'이다.

실천 가이드
나를 바꾸는 실천의 5가지 열쇠

✖ 열쇠 1. 유혹의 통로를 차단하고 5초 안에 몸을 던져라

의지는 참는 것이 아니라 멀리하는 것이다. 스마트폰을 눈앞에서 치우는 작은 행동이 나의 의지력 절반을 결정한다. 또한 망설임은 게으름의 먹이다. 할까 말까 고민이 시작되는 순간, 마음속으로 5부터 0까지 거꾸로 세어라. 0이 되는 찰나, 로켓이 발사되듯 무조건 책상 앞에 앉는 습관을 들여라.

✖ 열쇠 2. 오답을 반겨라

빨간 빗금은 나를 향한 비난이 아니라, 성장을 위한 정직한 데이터다. 틀린 문제를 부끄러워하지 말고 "드디어 내가 모르는 부분을 찾았다!"라고 외쳐라. 오답을 정복하는 집요함이 의지의 본질이다.

✖ 열쇠 3. 선배에게 묻고 팁을 얻어라

혼자 힘들어하며 시간을 허비하기보다, 먼저 그 길을 걸어간 선배에게 다가가 조언을 구하라. 선배가 전수해 주는 실질적인 공부법과 진학 정보, 그리고 슬럼프 극복의 지혜를 겸손하게 배우고 따라 해보자.

✖ 열쇠 4. 선생님을 진심으로 존경하라

가르침을 주는 선생님을 존중하는 태도는 결국 나를 위한 선택이다. 선생님 또한 누군가의 귀한 자식임을 기억하고 인격적으로 예우하라. 배움의 대상에 대한 예의를 갖출 때, 그분의 지식과 에너지는 온전히 내 것이 된다.

✖ 열쇠 5. 배움을 세상에 적용하여 필요한 사람이 되어라

공부의 목적은 교실 안에 갇혀 있지 않다. 배운 지식을 활용해 주변을 돕고 더 나은 세상을 만드는 '선한 오지랖'을 발휘하라. 누군가에게 도움이 되는 사람이 될 때, 나의 공부 여정은 드디어 완벽한 마침표를 찍게 된다.

학생을 나가며

여기, 우리가 지금까지 배운 '지·정·의 에듀맨십'이 하나로 합쳐질 때 어떤 기적이 일어나는지 온몸으로 증명한 한 소년이 있다. 바로 아프리카 말라위의 작은 마을에 살던 14살 소년, 윌리엄 캄쾀바(William Kamkwamba)의 이야기다.

당시 윌리엄의 상황은 절망 그 자체였다. 지독한 가뭄으로 마을 사람들은 굶주렸고, 집안 형편이 어려워진 윌리엄은 학교마저 그만둬야 했다. 보통의 아이라면 '내 인생은 끝났어.'라며 운명을 탓하고 주저앉았을 것이다. 하지만 윌리엄에게는 우리 열정자들이 가진 특별한 힘이 있었다.

첫째, 그는 배움을 멈추지 않았다(지). 학교에서 쫓겨난 그는 집 대신 낡은 도서관으로 향했다. 먼지 쌓인 과학책을 뒤적이다가 '풍차' 그림을 발견한 순간, 그는 머릿속에 전구가 켜지는 것을 느꼈다. '아, 이거다! 풍차를 만들면 전기를 만들 수 있고 펌프를 돌려 농사를 지을 수 있어!' 그는 책 속의 지식이 자신의 운명을 바꿀 열쇠임을 알아챘다.

둘째, 그는 온 감각을 열고 몰입했다(정). 그의 배움은 눈으로만 하는 구경이 아니었다. 그는 뜨거운 가슴으로 쓰레기장을 뒤졌다. 남들이 버린 고철 덩어리, 녹슨 자전거 바퀴, 플라스틱 파이프를 주워 모았다. 손끝으로 재료의 거친 질감을 느끼고, 직접 깎고 조립하며 그 과정 자체에 미친 듯이 빠져들었다.

셋째, 그는 포기하지 않고 나누었다(의). 마을 사람들은 쓰레기를 주워 나르는 그를 보고 "미쳤다."라며 손가락질하고 비웃었다. 배고픔과 조롱은 견디기 힘든 고통이었다. 하지만 그는 멈추지 않았다. "나 혼자 잘 살려는 게 아니야. 우리 가족과 마을 사람들을 굶주림에서 구해야 해." 그는 '나'를 넘어 '우리'를 살리겠다는 강력한 의지로 실패를 딛고 일어섰다.

마침내 삐걱거리는 풍차가 돌아가고 작은 전구에 불이 탁 켜지던 날. 마을 사람들은 환호했고 윌리엄의 이 작은 기적은 마을 전체를 기아에서 구해냈다. 혼자만의 지식에 머물지 않고 자신의 배움을 '세상에 기여'하는 것으로 완성한 소년. 윌리엄 캄쾀바야말로 우리가 꿈꾸는 머리는 차갑게, 가슴은 뜨겁게, 손발은 부지런하게 움직이는 '열정자'의 모습이다.

월리엄에게 도서관과 책이 있었듯, 영웅의 여정을 떠나는 우리에게도 길을 안내해 줄 '멘토'가 필요하다. 〈스타워즈〉의 루크 스카이워커에게 요다가 있었고, 〈쿵푸팬더〉의 포에게 시푸 사부가 있었듯이 말이다.

학교에서 그 역할은 바로 '선생님'이 맡는다. 하지만 안타깝게도 지금의 학교 현장은 선생님들이 스승으로서의 권위와 열정을 펼치기에 너무나 척박하다. 학생들이 공부 기계로 내몰릴 때, 선생님들은 '입시 관리자' 혹은 '감정 노동자'로 전락해 가고 있다. 무너진 교실에서는 학생도, 교사도 행복할 수 없다.

이어지는 〈2부 에듀맨십-교사: 권위자〉에서는 무너진 교권을 넘어, 진정한 존경과 사랑으로 학생과 만나는 교사의 길을 제시할 것이다. 에듀맨십의 혁명은 학생과 교사가 서로를 알아보고 존중하며, 함께 성장하는 그 아름다운 만남에서 드디어 완성된다.

2부 | 교사

가능성을 이끄는 '권위자(Author)'

침몰하는 공교육, 교사 소진이 던지는 경고음

대한민국의 공교육 시스템은 현재 전례 없는 심리적, 제도적 붕괴 위기에 직면해 있다. 과거 교직이 가졌던 전문직으로서의 권위와 안정성은 빛을 잃었다. 그 빈자리는 극단적인 감정 노동과 언제 어디서 터질지 모르는 법적 분쟁에 대한 공포가 채우고 있다. 교사가 교육 활동에 온전히 몰입해야 할 교실 현장이 이미 심각하게 훼손되어 있음을 다음의 통계 자료가 여실히 증명한다.

OECD 주관 「교원 및 교직 환경 국제 비교 조사(TALIS) 2024」 결과에 따르면, 한국 교사의 스트레스 원인 1위는 '학부모 민원 대응(56.9%)'이다. 이는 OECD 평균인 41.6%를 훌쩍 뛰어넘는 수치다. 한국 사회 특유의 과도한 교육 열기와 '내 자녀 중심주의'가 학교라는 공적 공간의 질서와 충돌하며, 교사를 교육 전문가가 아닌 민원 해결사로 전락시킨 결과다. 이어 '교실 내 질서 유지(48.8%)'가 스트레스 원인 2위를 차지했다. 학생들이 교사를 대하는 태도나 교실 내 행위가 기본적인 예우를 벗어나는 상황이 빈번하다. 학생들 사이의 비행 문제나 괴롭힘을 중재해야 하는 역할 또한 교사에게 막중한 심리적 부담을 지운다. 교실 문을 열기도 전에 오늘 학생들 사이에서 무슨 일이 벌어질지, 혹은 어느 학생의 부모로부터 민원이 들어올지 겁내며 걱정해야 하는 것이 현장의 민낯이다.

현장의 고충이 깊어지면서 '교사가 된 것을 후회'하는 비율(21%)은 조사 대상국 중 한국이 가장 높게 나타났다. 사명감과 교육의 희망을 품고 꿈을 키웠던 시간들이 후회로 얼룩지는 모습은 참으로 안타까운 현실이다. 교직에 대한 사회적 선망 역시 눈에 띄게 식어가고 있다. 오랫동안 학생들의 장래 희망 1위를 지켜왔던 '선생님'이라는 직업은 「한국복지패널」 조사 결과 2024년 2위로, 2025년에는 3위로 내려앉았다. 2000년대 후반 굳건했던 1위의 자리는 이제 연예인 등 다른 직업군에 내어주게 되었다. 이 과정에서 배움에 대한 보람과 직업적 선망이 동시에 사라지고 있다.

직업적 위상 추락과 맞물려 스스로 교육적 영향력을 발휘하고 있다는 '교사 효능감' 역시 OECD 평균을 밑돈다. 가르치는 보람 대신 무력감이 교실을 채우고 있으며, 교직에 대한 자긍심은 뿌리째 흔들리고 있다. 척박한 근무 환경 속에서 교사의 마음이 온전하기란 어렵다. 교사의 우울증 위험군 비율은 일반 성인 평균보다 약 4배가량 높다.

우리는 중요한 사실을 한 가지 잊고 있다. 교사의 마음이 무너지면 그 피해는 고스란히 교실 안의 학생들에게 돌아간다는 점이다. 교권 침해는 교사의 생활 지도를 위축시키고 수업 집중도를 하락시킨다. 교사가 학생들의 잘못을 바로잡는 것을 포기하고 사명감을 상실한 채 방어적인 태도로 수업에 임하게 될 때, 학생의 학습권 역시 함께 침몰한다. 가정이라는 울타리를 독립해 사회로 나온 첫발의 현장에서 청소년들은 진정한 배움을 잃을 수 있다. 그 결과 학생들은 존경하는 리더를 잃은 채 자랄 수밖에 없다. 온종일 학교에서 배움을 통해 성장하는 학생들에게 이는 매우 위험하고도 안타까운 현실이다.

공교육이라는 집을 지탱하는 기둥이 무너지는 지금, 우리는 교사의 전문적 자존감을 회복할 새로운 설계도를 진지하게 고민해야 한다. 이제 우리는 교사의 사명감을 회복하고,

교사가 다시 '권위'를 갖추어 학생들에게 존경의 대상이 되는 교육 현장을 만들어야 한다.

가르치는 스승이 행복하지 않은 교실에는, 지혜로운 제자도 없다. '스승의 행복한 에너지가 건강한 제자를 키워내는 법'이다. 우리 사회는 이 경고음을 더 이상 묵인해서는 안 된다.

잠든 교실, 적막 속에서 우리가 잃은 것

점심시간이 끝난 교실 창가로 나른한 봄볕이 쏟아진다. 공기 중의 먼지만이 빛줄기를 타고 조용히 춤을 추지만, 정작 깨어 있어야 할 눈동자들은 보이지 않는다. 30명 남짓한 교실, 고개를 들고 있는 학생은 고작 서너 명. 그마저도 초점 잃은 눈으로 칠판을 멍하니 응시하거나 책상 밑으로 스마트폰을 훔쳐보기에 바쁘다. 나머지는 책상에 엎드려 깊은 잠에 빠져 있다.

교사의 목소리는 허공을 맴돌다 흩어진다. 돌아오는 것은 무거운 적막뿐이다. 마치 거대한 벽에 대고 혼잣말을 하는 기분이다. 깨워볼까 고민도 잠시, '어차피 깨워도 듣지 않을 텐데.', '학원 다니느라 피곤할 텐데 그냥 두자.'라는 자기 합

리화가 마음 한구석을 짓누른다. 이것은 비단 어느 한 교실만의 실상이 아니다. 대한민국 수많은 교실에서 매일 벌어지는 '잠자는 교실'의 민낯이다.

한때 선생님은 학생들의 꿈이자 존경의 대상이었고, 인생의 나침반이었다. 그러나 지금, 교단에 선 우리는 스스로에게 묻지 않을 수 없다. 나는 과연 가르치고 있는가?

화려한 스킬의 학원 강사와 비교당하고, 학부모의 민원에 마음 졸이며, 학생들의 무관심에 상처받는 나날들. 어느새 교사라는 이름의 무게가 천직이 아닌 형벌처럼 느껴지는 순간이 찾아온다. 하지만, 우리가 놓치고 있는 진실이 하나 있다. 저 엎드린 등 뒤에는 학생들의 '불안'이 숨겨져 있다는 사실이다.

아이들은 깨우지 않는 선생님을 원망하면서도, 동시에 누군가 자신을 일으켜 세워주길 간절히 바라고 있을지도 모른다. 학생들은 배움을 포기한 것이 아니라, 단지 나아갈 길을 잃었을 뿐이다. 그리고 그 길을 찾아줘야 할 교사조차 함께 길을 잃고 헤매고 있는지도 모른다. 서로가 서로에게 닿지 못한 채 적막만이 흐르는 교실, 그 안에서 우리는 이제 질문을 던져야 한다.

도대체 그 이유가 무엇일까? 그것은 우리가 교실이라는 무대를 지휘하는 '창조적 권위'를 잃어버리고 무기력이라는 늪에 빠졌기 때문이다. 많은 교사가 무너진 교실 현장 앞에서 좌절하며 스스로를 '지식 전달자' 혹은 '행정 전문가'로 한정 짓곤 한다. 하지만 이제는 그 무기력에서 빠져나와 교사로서의 진정한 자존심을 회복해야 한다. 교사가 되찾아야 할 자존심은 강압적인 호통이나 벌점으로 세우는 공포 정치가 아니다. 바로 진정한 '권위'이다.

진정한 권위(Authority)의 어원은 '작가(Author)'에 있다. 작가가 백지 위에 새로운 세계를 창조하고 이야기를 써 내려가듯, 교사 역시 교실이라는 무대 위에서 자신만의 교육 철학으로 새로운 세계를 설계하는 사람이다. 즉, 교사의 진짜 권위는 억압하는 힘이 아니라 무언가를 만들어내고 주도하는 '창조의 힘'에서 나온다.

영화 〈죽은 시인의 사회〉에 등장하는 키팅 선생님을 떠올려보자. 그는 박제된 지식을 외우게 하는 대신 책상 위에 올라가 세상을 다르게 보라고 외쳤다. 우리에게 필요한 것은 바로 그런 용기이다. 학생들의 가슴속에 깊이 묻혀 보이지 않는 열정의 불씨를 발견하고, 그것이 활활 타오를 수 있도록 정성껏 숨을 불어넣어 주는 역할, 그것이 교사가 드디어 회복해야 할 본연의 사명이다.

교사가 스스로 자신의 삶과 교육을 써 내려가는 '작가'가 될 때, 교실은 단순한 집합 장소가 아닌 생동감 넘치는 창조의 공간으로 변모한다. 교사가 먼저 창조적 권위를 세우고 당당히 교단에 설 때, 길을 잃고 헤매던 학생들 또한 그 뒷모습을 이정표 삼아 자신의 인생을 스스로 저술할 용기를 얻게 된다.

가르침의 권위를 회복하는 힘 '지·정·의'

교육 현장이 무너졌다고들 말한다. 교권은 땅에 떨어졌고, 교실은 잠들었다며 한탄한다. 하지만 어둠이 깊을수록 별은 더 밝게 빛나는 법이다. 시스템이나 학생, 학부모를 탓하며 주저앉아 있을 시간은 없다. 변화는 외부에서 오는 것이 아니라, 바로 내 교실, 내 수업, 그리고 내 마음가짐에서 시작된다. 우리는 선택해야 한다. 무기력한 지식 전달자로 남을 것인가, 아니면 학생들의 영혼을 깨우는 권위 있는 스승이 될 것인가.

다시 교사의 권위를 지켜줄 에듀맨십, 즉 교사의 지·정·의에 대한 정의는 다음과 같다.

1. 수업 설계의 지혜, 지(知)

교사가 배움의 무대를 만드는 설계자이자 학생의 성장을 집필하는 수업의 작가가 되는 것이다. 비트루비우스의 원칙처럼 견고함, 유용함, 아름다움을 갖춘 수업을 설계하며, 깊은 전문성에서 우러나오는 품격으로 학생의 신뢰를 얻어야 한다. 이는 스스로 배우는 즐거움을 실천하며 지도를 업데이트하고, 동료와 연대하여 교육의 혁신을 이끄는 지식 생산자로 거듭나는 과정이다.

2. 따뜻한 공명, 정(情)

교사가 자신의 활력으로 교실의 온기를 만드는 감각의 회복자가 되는 것이다. 꾸준한 자기 관리를 통해 내면의 중심을 잡고, 교육 현장의 어려움을 견뎌낼 단단한 에너지를 갖추어야 한다. 또한 학생이 타인의 시선에서 벗어나, 배움 그 자체에 몰입할 수 있도록 감각의 혁명을 이끌어야 한다. 완벽함이라는 가면을 벗고 자신의 약함까지 드러내는 상처 입은 치유자로 다가갈 때, 교사의 진심은 청소년의 마음과 공명하며 그들을 열정자로 변화시킨다.

3. 전문적 개입, 의(意)

교사가 고통 속에 멈춰버린 청소년의 시간을 다시 흐르게 만드는 전문적 수호자가 되는 것이다. 불운과 불의, 그리고 교사 자신의 불찰로 인해 학생이 무너지는 현상을 막기 위해 고통의 철학을 바탕으로 무거운 사명감을 지녀야 한다. 청소년의 무기력이 깊어지기 전 적기에 개입하는 골든 타임의 긴박함을 인식하고, 전문적인 지도력을 발휘하여 성장의 방향을 바로잡아야 한다. 또한 교육의 권위자로서 부모와 강력한 교육적 동맹을 맺고, 학생을 둘러싼 환경을 근본적으로 변화시키는 실천적 의지를 증명하는 과정이다.

에듀맨십은 교사에게 모든 것을 감내하는 슈퍼히어로가 되라고 요구하지 않는다. 다만 교육의 본질인 '사람을 기르는 육성'의 자리로 다시 돌아가자고 제안할 뿐이다. 지(知)적인 전문성으로 수업을 장악하고, 정(情)적인 따뜻함으로 학생을 품으며, 의(意)지적인 단호함으로 성장을 이끄는 교사. 지식으로 무장하고 감성으로 연결하며 의지로 실천하는 교사의 에듀맨십, 그 가슴 뛰는 여정을 지금 시작한다.

이 변화의 시작점에서 가장 먼저 갖추어야 할 첫 번째 무기는 바로 지(知)이다. 학생이 스스로 배움에 뛰어들게 만드는 능동적 설계, 지식의 구조를 세우는 스캐폴딩[1], 그리고 소명감을 회복하는 지적 통찰까지, 그 흥미진진한 전문성의 세계로 함께 들어가 보자.

[1] 작업자가 건물의 높은 곳에 접근하여 안전하게 작업할 수 있도록 돕는 필수적인 가설 구조물. 재료 운반이나 작업원의 통로 및 작업을 위한 발판을 이르는 말,

지(知) 배움의 서사를 쓰는 작가

자신만의 언어로 여는 배움의 길

교사는 단순한 지식 전달자가 아닌, 권위자이다. 권위(Authority)는 라틴어 '아욱토르(Auctor)'에서 유래했다. 아욱토르는 '창조하다', '증가시키다', '성장시키다'라는 뜻을 가진 동사 '아우게레(Augere)'에서 파생된 말이다. 로마 시대에 아욱토르는 어떤 일의 창시자나 후원자를 뜻했다. 이 어원에 따르면, 진정한 권위자란 '상대방을 성장시키고, 그들의 가능성을 증대시켜 주는 사람'을 의미한다.

교사는 학생이라는 존재가 지식의 세계로 들어설 수 있도록 돕는 창시자이자, 그들의 지적 성장을 돕는 든든한 후원자여야 한다. 학생들이 교사에게서 '이분은 나를 성장시켜 주는 사람이다.'라는 확신을 느낄 때, 비로소 교사의 말에는 힘이 실리고 권위는 바로 선다.

여기서 한 걸음 더 나아가 보자. '권위(Authority)'와 로마의 '아욱토르(Auctor)'는 '작가(Author)'라는 단어와 그 뿌리를 같이 한다. 작가란 누구인가? 없는 것을 있게 만드는 사람, 자기 생각과 철학으로 새로운 세계를 서술하고 창조하는 사람이다. 교사가 권위를 가진다는 것은 단순히 지식을 많이 안다는 뜻이 아니다. 교사가 수업이라는 시공간의 작가가 되어야 함을 의미한다.

그동안 우리는 교사의 역할을 지식 전달자라는 좁은 틀에 가두어 왔다. 빡빡한 진도와 정해진 교과서라는 제약 속에서, 교사 고유의 철학을 펼치기보다 주어진 내용을 충실히 이행해야만 하는 현실적인 압박도 존재했다. 마치 짜여진 대본을 따라야 하는 배우와 같은 상황이었을지도 모른다.

하지만 교사는 그 이상의 존재다. 학생들은 교사의 눈빛과 목소리에서 본능적으로 알아챈다. 지금 이 수업이 단지 의무감으로 채워지는 시간인지, 아니면 교사의 치열한 고민과 열정이 녹아든 살아있는 배움의 현장인지 말이다.

진정한 권위는 남이 만든 지식을 단순히 전달하기만 하는 모습에서는 절대 형성될 수 없다. 교사가 직접 수업의 작가가 되어 자신만의 언어로 배움의 길을 새롭게 열어갈 때, 그 권위는 드디어 찬란한 빛을 발한다. 교사가 스스로 연구하고 해석하여 내놓은 살아있는 지식만이 학생들의 마음을 움직이고 그들을 변화시킬 수 있다.

이제 교사는 지식 전달자라는 낡은 옷을 벗어 던져야 한다. 교과서의 지식을 재료 삼아 학생들의 수준과 상황에 맞게 재해석하고, 그들이 몰입할 수 있는 배움의 서사를 직접 써 내려가는 '수업의 작가'가 되어야 한다. 교사가 수업의 진정한 저자가 되어 학생들을 배움의 세계로 초대할 때, 비로소 학생들을 성장시키는 진정한 권위가 완성된다.

진리를 탐구하는 '현역 연구자'

위에서 살폈듯이 '권위'의 뿌리는 '성장시키다'라는 뜻에서 왔다. 즉, 진정한 권위자는 위에서 군림하는 자가 아니라, 상대를 자라게 하는 자다. 그렇다면 물어보자. 멈춰있는 사람이 타인을 성장시킬 수 있는가. 고여있는 물이 생명을 자라게 할 수 있는가. 불가능하다.

누군가를 성장시키려면 이끄는 자가 먼저 끊임없이 성장

하고 있어야 한다. 그렇기에 교사의 첫 번째 의무는 단순히 지식을 가르치는 행위에 그치지 않고, 스스로 멈추지 않고 배우는 태도를 견지하는 것이다. 가르침이란 결국 교사가 앞서 걸어간 배움의 궤적을 학생들이 자연스럽게 따라오게 만드는 과정이기 때문이다.

진정한 권위는 '높은 교단'이나 '점수를 매기는 날카로운 펜' 끝에서 나오지 않는다. 학생들이 교사를 진심으로 존경하는 순간은 교사가 학생을 힘으로 압도하거나 완벽하게 통제할 때가 아니다. 오히려 교사 스스로가 깊은 앎의 세계에 몰입해 있는 뒷모습을 목격할 때이다. 교사가 진리에 감탄하며 배움을 즐기는 모습 그 자체가 학생들에게는 가장 강력한 가르침이 된다.

학생은 자신의 질문에 막힘없이 답하는 수준을 넘어, 교과서 밖의 지식까지 자유롭게 넘나들며 새로운 관점을 제시하는 스승의 지적 카리스마에 본능적으로 이끌린다. 그러므로 교사는 과거의 지식을 그대로 전달하는 데 머물지 않고, 학생과 함께 진리를 찾아가는 성실한 탐구자여야 한다. 지금 이 순간에도 배움을 멈추지 않고 자신의 수업을 정성껏 가다듬는 모습이야말로, 학생에게 배움의 설렘을 전하는 진정한 스승의 길이다.

그렇다면 바쁜 일상 속에서 교사는 어떻게 배움을 지속할 수 있을까. 거창한 학위나 연수가 필요한 것이 아니다. 교무실에서의 작은 습관 하나를 바꾸는 것만으로도 충분하다. 이번 달에는 자신의 전공과 가장 거리가 먼 분야의 책을 한 권 집어 드는 시도를 해보자. 국어 교사라면 뇌과학을, 수학 교사라면 서양 미술사 책을 펼쳐보는 식이다.

중요한 것은 책을 읽으며 이 낯선 개념을 내 수업의 어떤 단원과 연결할 수 있을지 끊임없이 질문하는 태도다. 인공지능 시대의 학생들은 단순한 정보 검색으로는 얻을 수 없는 '의외의 연결'에 경탄한다. 낯선 지식이 전공과 충돌할 때 발생하는 지적 스파크는 학생들을 사로잡는 가장 독창적인 수업의 도입부가 되며, 나아가 교사 자신의 사고를 유연하게 확장하는 촉매제가 된다.

교사 연대가 만드는 교육의 혁신

영국의 어느 교실 풍경을 들여다보자. 이곳의 수업은 종소리와 함께 단절되지 않는다. 과학 시간에 증기 기관의 열역

학을 배운 학생들이 역사 수업으로 이동하면, 역사 교사는 교과서부터 펴지 않는다. 대신 이렇게 묻는다.

"방금 과학 시간에 증기가 팽창하는 힘에 대해 배웠지? 그 엄청난 에너지가 기계 안에 갇혀 있을 때 어떤 일이 일어난다고 했니? 자, 이제 그 압력을 18세기 영국 사회로 가져와 보자. 억눌린 노동자들의 불만이 마치 그 증기처럼 어떻게 사회라는 엔진을 폭발시키고 산업혁명을 일으켰는지 연결해 볼까?"

전 시간에 배운 내용을 현재의 수업과 잇고자 하는 교사의 노력은 학생들의 머릿속에서 지식을 더욱 정교하게 구조화한다. 사실 교사는 자신의 전공과목이 아니면 타 교과의 내용을 무의식중에 배제하기 쉽다. 하지만 학문을 개별적인 파편으로 분리해 암기하는 방식에서 벗어나려면, 교사 스스로 지식 사이의 연결 고리를 찾아내야 한다. 교사가 자신의 과목에만 갇히지 않고 타 과목과의 접점을 찾아낼 때, 학생들은 드디어 배움의 입체적인 재미를 느끼기 시작한다. 단절된 정보를 외우던 학생들이 지식의 거대한 지도를 그려내며 스스로 몰입하게 만드는 것, 그것이 교사가 융합적 탐구를 통해 이루어내야 할 교육의 혁신이다.

이러한 혁신을 위해 영국의 교사들은 주기적으로 서로의 수업을 모니터링하며 피드백을 주고받는다. 모의 수업을 통한 코칭은 물론, 각자의 노하우를 가감 없이 나누는 협력적 성찰을 당연한 문화로 여긴다. 이 같은 지속적 교류는 개인의 수업 역량을 넘어 학교 전체의 교육 질을 높이는 강력한 동력이 된다. 이는 선택 사항이 아니라, 오늘날의 한국 교육 현장에서 교사가 반드시 해결하고 실천해야 할 핵심 과제다.

결국 수업이 단절된 지식의 전달에 그칠지, 아니면 삶과 연결된 생생한 지혜가 될지는 교사가 설계한 연결의 다리에 달려 있다. 오늘날 학생들이 배움을 지루하게 느끼는 이유는 정보가 부족해서가 아니다. 오히려 그 조각난 정보들이 자신의 삶과 어떻게 맞닿아 있는지, 실제 세상에서 어떻게 쓰이는지 증명해 주는 연결 고리가 없기 때문이다.

이러한 연결은 교사가 교과목의 경계를 과감히 허물고, 배움의 지평을 학생의 일상으로 확장할 때 실현된다. 교사가 지식의 파편들을 교실 안의 생생한 경험으로 재구성하여 전달할 때, 학생들의 머릿속에서는 비로소 흩어져 있던 정보들이 하나의 체계로 꿰어지는 융합의 기적이 일어난다.

'구조, 기능, 미(美)'를 적용한 수업 설계

건축가는 건물의 안전과 아름다움을 책임지는 존재다. 건축가의 진정한 권위는 단순히 직함에서 나오는 것이 아니라, 치밀한 설계력을 바탕으로 견고한 건축물을 구현하는 실력에서 비롯된다. 건축가가 자신이 구상한 도면을 작업자들에게 정확히 설명하여 의도한 설계대로 건물을 세워 올리듯, 교사 역시 전달하고자 하는 지식을 정교하게 설계하고 이를 학생들에게 명확히 전달할 수 있어야 한다. 교사는 학생들이 지적인 성장을 이룰 수 있도록 견고한 수업의 집을 짓는 '지식의 건축가'이기 때문이다.

교사가 그린 수업 설계도가 학생들에게 막힘없이 전달되고, 학생들이 그 내용을 온전히 이해하여 자신의 지식으로 재구성할 때 수업이라는 건축물은 완성에 도달한다. 결국 교사의 전문적인 권위는 단순히 지식을 많이 소유하는 데서 오는 것이 아니다. 그 지식을 학생의 머릿속에 견고하게 세워 올리는 '설계'와 '시공'의 능력으로 자신의 가치를 증명하는 것이다.

현장의 교사들이 수업 설계의 길잡이로 삼아야 할 고전적 지혜가 있다. 고대 로마의 건축가 비트루비우스가 제시한 건축의 3요소인 구조, 기능, 미를 수업 설계에 적용해 보자. 이는 오늘날 교실에서 교사가 갖춰야 할 전문적 신뢰와 교육적 영향력을 지탱하는 든든한 뿌리가 될 것이다.

1. 구조: 흔들리지 않는 학습의 뼈대

건물이 무너지지 않으려면 뼈대가 튼튼해야 하듯, 수업 역시 논리적이고 치밀한 흐름을 갖춰야 한다. 이는 학생이 배움의 과정에서 길을 잃지 않도록 학습 단계를 정교하게 설계하는 작업이다. 갈팡질팡하지 않고 명쾌하게 이어지는 수업 구조는 학생들에게 심리적 안정감을 주며, 이 과정들은 교사에 대한 지적 신뢰로 이어진다.

설계 팁 1: 목적지 중심의 역순 설계

'오늘은 무엇을 가르칠까?'가 아니라, 수업이 끝난 뒤 학생이 '무엇을 할 수 있어야 하는가?'를 먼저 결정한다. 도달해야 할 최종 목적지인 평가 기준을 먼저 세운 뒤, 그곳에 가기 위해 필요한 계단과 같은 활동들을 역순으로 배치한다.

설계 팁 2: 집중력을 고려한 지식의 분절화

지식을 학생이 한 손에 쥘 수 있는 크기로 나눈다. 예를 들어 45분 수업을 '10(도입)–15(개념)–15(활동)–5(정리)' 규칙으로 쪼개면, 학생의 집중력 유지 시간을 고려한 설계가 되어 지식 과부하를 막을 수 있다.

설계 팁 3: 벤치마킹과 창의적 재구성

동료 교사의 수업이나 우수 수업 영상을 벤치마킹하여 자신의 수업에 적용한다. 이는 시행착오를 줄이고 수업의 질을 빠르게 끌어올리는 지름길이 된다. 다만, 단순한 '무조건 따라 하기'는 피해야 한다. 우수 사례를 분석하여 교사 본인의 것으로 충분히 소화한 뒤, 자신의 교육 철학과 상황에 맞춰 새롭게 해석하고 재구성하여 수업을 설계해야 한다. 이러한 과정을 거치면 기존의 검증된 방식에 교사만의 개성이 더해져 더욱 탄탄한 수업이 완성된다.

2. 기능: 성장을 돕는 최적화된 지지대

건물이 거주자의 편의에 맞춰 지어져야 하듯, 수업은 학생의 학습 역량에 최적화되어야 한다. 이는 학생이 스스로 문제를 해결할 수 있도록 적절한 도움, 즉 비계(飛階, Scaffolding)를 전략적으로 제공하는 것을 의미한다. 건축 현장에서 작업자들이 높은 곳에서 작업할 수 있도록 임시 가설물을 설치하듯, 수업에서의 비계는 학생이 혼자 힘으로 도달하기 어려운 학습 목표에 이를 수 있도록 교사가 제공하는 일시적인 조력이다.

비계의 목적은 단순히 정답을 알려주는 것이 아니다. 학생이 당면한 과제를 스스로 해결할 수 있도록 '징검다리를 놓아주는 것'이다. 이후 학생이 과제를 수행할 능력을 갖추게 되면, 교사는 제공했던 지원을 점진적으로 줄여나가며 그들의 독립적인 학습을 유도한다. 이러한 전략적 지지대를 통해 학생은 실질적인 성장을 이룬다.

실행 팁 1: 정교한 난이도 조절과 심리적 지지

너무 쉬운 과제로 지루함을 주거나 어려운 과제로 좌절감을 주지 않도록 난이도를 정교하게 조절해야 한다. 학습 내용이 어렵다면 학습과 관련한 게임 구성을 징검다리로 활용해 진입 장벽을 낮추고, 모르는 학생에게는 힌트를 주어 자존감을 살펴야 한다.

실행 팁 2: 단계적 지지대 제거를 통한 자기 주도성 확립

처음에는 많은 힌트를 주며 성공 경험을 쌓게 하다가, 학생이 숙련될수록 지지대를 서서히 걷어낸다. 이를 통해 학생은 교사에게 의존하지 않고 스스로 할 수 있는 능력을 갖추게 된다.

실행 팁 3: 데이터 기반의 위치 파악 및 본질 중심의 지도

진단 퀴즈로 학생의 현재 위치를 파악하여 학습 결손을 방지한다. 선행학습으로 인한 수준 차이가 크더라도 교사는 본 과정에 충실할 것을 강조하며 지금 시기에 필요한 내용을 깊이 있게 가르쳐야 한다. 이 모든 과정은 결국 교사의 끊임없는 연구를 통해 완성된다.

3. 미(美): 지적 희열이라는 최고의 마감재

건축에서 미학의 본질이 그 공간을 사용하는 사람이 느끼는 기쁨에 있듯이, 수업에서의 아름다움은 화려한 시각 자료나 매끄러운 진행 기술에만 머물지 않는다. 진정한 수업의 미학은 학생이 배움의 과정에서 스스로 벽을 깨고 나아갈 때 마주하는 지적 희열에 있다. 어렵게만 느껴지던 추상적인 원리를 비로소 자신의 언어로 이해했을 때 찾아오는 찰나의 명쾌함, 그리고 교과서 속 지식이 박제된 정보가 아니라 자신의 삶을 해석하고 문제를 해결하는 실질적인 도구가 됨을 깨닫는 순간의 뿌듯함이 바로 수업이 지향해야 할 최고의 아름다움이다.

이러한 지적 유희는 학생에게 단순한 성적 이상의 효능감을 선사하며, 배움 그 자체를 사랑하게 만드는 강력한 동기가 된다. 결국 교사가 설계한 수업이라는 공간 안에서 학생이 스스로 생각의 근육을 키우고 자신의 세계를 확장해 나가는 모습이야말로, 그 어떤 화려한 장식보다 빛나는 수업의 완성이자 궁극적인 미적 성취라고 할 수 있다.

감동 팁 1: 성장의 궤적 공유와 애착 형성

학생의 수업 결과물을 단순히 채점하는 데 그치지 않고, 교실 벽에 전시하거나 포트폴리오로 엮어 성장의 과정을 공유한다. 자신이 지은 집이 완성되어 가는 과정을 직접 확인하며 학생은 배움에 대한 깊은 애착을 느낀다.

감동 팁 2: 내면의 변화를 통한 건축물의 완성

학생의 내면에서 일어나는 긍정적인 변화와 배움의 즐거움이야말로 수업이라는 건축물을 완성하는 가장 아름다운 마감재가 된다. 이러한 내적 성장은 수업의 질을 결정짓는 핵심 요소이다. 이를 확인하기 위해서 교사는 주기적으로(일주일 혹은 이 주일에 한 번) 내면의 변화가 일어난 지점을 찾아 학생이 자신의 생각을 글로 남기는 작업을 하도록 유도한다. 이는 학생 스스로 자신의 변화를 확인하고 올바른 가치관을 정립하기 위한 과정이다. 생각을 단순히 머릿속에만 정리하는 것이 아니라, 눈으로 확인할 수 있도록 하기 위함이다. 그 흔적을 언제든 다시 꺼내 볼 수 있도록 별도의 필기장을 만들어 내면의 변화를 꾸준히 기록하도록 지도한다.

감동 팁 3: 깨달음의 시각화와 보편적 참여

학생이 얻은 깨달음을 자신만의 방법(그림, 도표, 혹은 짧은 글 등)으로 시각화하여 친구들에게 공유하거나 멘토링 역할을 수행하게 함으로써 성장의 기쁨을 구체화한다. 자신이 배운 것을 타인에게 설명하는 과정에서 학생은 지식을 완벽하게 내면화하며 강한 자신감을 얻는다. 이때 가장 주의할 점은 특정 우수 학생에게만 기회가 쏠리지 않도록 하는 것이다. 모든 학생은 각자 잘하는 분야가 다르므로, 다양한 교과 주제와 활동을 통해 누구나 한 번쯤은 누군가의 멘토가 될 수 있는 환경을 조성해야 한다. 소외되는 이 없이 모두에게 기회를 골고루 제공하여 학급 전체가 함께 성장하는 공동체 의식을 느끼게 하는 것이 운영의 핵심이다.

선생님은 허공 속에 지혜의 계단을 놓는 사람이다. 하지만 아무리 훌륭한 설계도를 가졌어도 그것이 실제 시공으로 이어지지 않는다면 의미가 없다. 설계자가 현장에서 소리만 지른다고 건물이 지어지지 않듯, 교사가 지식을 쏟아내기만 하는 것은 학생이 스스로 지식을 쌓을 기회를 빼앗는 일이다.

이러한 상황을 방지하려면 교사는 수업 내용을 학생들에게 전달할 때 완벽하게 이해되도록 잘게 쪼개어 설명해야 한다. 중요한 것은 우리 반 모두가 이해할 때까지 확인하고 또 확인하는 과정이다. 건축물은 어느 한 곳만 부실해도 전체가 무너지듯, 어느 누구도 설계도면의 이해를 놓치지 않도록 세심하게 살피는 것이 바로 '수업의 건축가'인 교사의 숙명이다.

결국 교사가 이토록 치밀한 설계에 매달리는 이유는 학생들 사이의 이해 격차를 줄여 공부의 즐거움과 뿌듯함, 희열을 느끼게 하기 위함이다. 정교한 설계도는 배움이 느린 학생에게는 단단한 손잡이가 되고, 배움이 빠른 학생에게는 더 깊이 몰입할 수 있도록 돕는 이정표가 된다. 이러한 설계가 뒷받침될 때, 교실은 단 한 명도 낙오하지 않고 함께 집을 지어 올리는 진정한 성장의 현장이 된다.

낡은 지식에서 머물지 않으려는 신중함

지도는 지형이 변하면 새롭게 업데이트되어야 한다. 최근에는 내비게이션이 그 역할을 대신하고 있지만, 업데이트되지 않은 내비게이션의 안내를 무작정 따라가다 보면 길이 끊긴 낭떠러지나 전혀 엉뚱한 목적지에 다다를 위험이 있다. 교사 역시 자신이 알고 있는 지식이 낡고 무뎌지지 않았는지 끊임없이 점검해야 한다. 교사가 낡은 지식이라는 지도를 들고 학생들을 안내한다면, 그것은 배움이 아니라 교사와 학생이 함께 길을 잃는 위험한 방황이 될 뿐이다.

교육 현장에서 여전히 아주 오래된 정보를 전달하는 교사의 모습을 보기도 한다. 수업의 핵심인 교안이나 유인물조차 수년 전 만들어진 그대로인 경우도 적지 않다. 그러나 우리가 가르치는 지식은 화석처럼 굳어 있는 고정물이 아니다. 역사의 해석은 새로운 증거에 의해 언제든 바뀔 수 있으며, 절대적이라 믿었던 과학의 법칙 또한 새로운 발견으로 수정될 수 있다.

자신이 알고 있는 지식을 의심하고 점검하지 않는 교사는 이미 수명이 다한 배터리로 전기를 돌리려 애쓰는 것과 같다. 겉으로는 기계가 작동하는 듯 보이지만, 실상은 학생들의 삶을 밝혀줄 실질적인 에너지를 전혀 생산하지 못한다. 교사는 자신의 지식이 지금 이 시대의 지형을 정확히 반영하고 있는지 매 순간 스스로 물어야 한다.

교사가 지식을 업데이트하지 않거나 사실 확인의 과정을 소홀히 하면, 학생들은 교사가 안내한 편향된 가치를 무비판적으로 수용하게 된다. 이는 세상을 올바르게 알아가야 할 학생들의 소중한 권리를 박탈하는 행위나 다름없다. 특히 역사나 정치와 같은 민감한 주제일수록 교사의 태도는 더욱 신중해야 한다. 교사의 말 한마디가 학생의 가치관 형성에 지대한 영향을 미치기 때문에, 내가 하는 이야기가 객관적 신빙성과 신뢰를 갖추고 있는지 늘 점검해야 한다. 이러한 성찰이 없다면, 애써 가르친 모든 노력은 모래성처럼 허무하게 무너질 수밖에 없다.

매번 배우고 익히며 점검하는 일은 참으로 고단하고 귀찮은 일일 수 있다. 하지만 교사가 서 있는 그곳은 단순히 지식을 읊는 자리가 아니다. 교사의 사명감은 단순한 지식 전달을 넘어, 내가 만나는 모든 학생의 미래를 안내하는 데 있다. 그렇기에 배움을 게을리하거나 변화를 귀찮아한다면 그 자리에 서 있을 이유도 사라지는 것이다. 교사는 '가르치는 사람'이라는 본분과 더불어, 학생들이 배움의 과정을 통해 올바른 길로 나아가도록 안내해야 한다는 그 '숭고한 사명감'을 절대로 잊지 말아야 한다.

수업의 완성도를 높이는 5가지 열쇠

✖ 열쇠 1. 전공 밖의 '낯선 책'과 조우하라

한 달에 한 권, 자신의 전공과 무관한 분야의 책을 선택한다. 과학 교사라면 시집을, 미술 교사라면 경제학 서적을 집어 드는 식이다. 낯선 용어와 개념이 자신의 전공 지식과 충돌할 때 발생하는 지적 긴장감을 즐겨야 한다. 이 충돌의 지점에서 학생들의 흥미를 유발할 독창적인 수업의 아이디어가 탄생한다.

✖ 열쇠 2. 교무실의 문을 열고 '협력적 성찰'을 시작하라

혼자만의 연구에 갇히지 말고 동료 교사에게 수업 고민을 가감 없이 공유한다. 영국의 사례처럼 서로의 수업 장면을 모니터링하고 피드백을 주고받는 문화를 스스로 만들어가야 한다. 동료와의 연대는 교사 개인의 무력감을 극복하고 학교 전체의 교육 질을 높이는 가장 확실한 동력이다.

✕ 열쇠 3. 수업의 '연결 설계도'를 시각화하라

수업을 준비할 때 단순히 진도를 확인하는 수준을 넘어, 오늘 배울 내용이 타 교과와 어떤 접점이 있는지 지도로 그려본다. 교사가 먼저 지식의 유기적 지도를 머릿속에 그릴 때, 학생들에게 파편화된 정보가 아닌 입체적인 세계관을 선물할 수 있다.

✕ 열쇠 4. 학생이 마주한 '도약의 문턱'에 단단한 비계를 놓아라

학생이 막막해하는 지점을 정확히 포착하여 스스로 다음 계단을 디딜 수 있도록 정교한 질문이나 힌트를 제공해야 한다. 정답을 대신 말해주는 유혹을 참고, '문제를 해결했다.'라는 효능감을 학생 스스로 느끼게 한다. 이 성취의 순간에 교사의 지적 권위는 드디어 완성된다.

✕ 열쇠 5. 낡은 지식을 버리고 끊임없이 '현역'으로 갱신하라

과거의 지식을 단순히 옮겨주는 '지식 전달자'에 머물지 않기 위해 자신의 전공 지식을 매일 업데이트한다. 새로운 학문적 흐름이나 기술적 변화를 수업에 즉각적으로 반영하여 배움의 생동감을 유지해야 한다. 교사가 어제보다 오늘 더 성장하는 현역 연구자의 자세를 견지할 때, 학생들은 드디어 살아있는 지혜의 힘을 목격하고 배움의 길에 기꺼이 동행한다.

무너진 교실을 다시 일으켜 세우는 힘은 섣부른 위로나 강압적인 통제가 아니다. 그것은 오직 교사의 차가운 이성과 멈추지 않는 탐구심에서 나오는 압도적인 '지적 전문성'뿐이다.

교사는 학생의 잘못된 개념을 날카롭게 꿰뚫어 보는 전문가이고, 배움의 비계를 놓는 치밀한 건축가이며, 파편화된 지식을 세상의 의미와 연결하는 설계자다. 교사가 단순히 교과서를 읽어주는 낭독자가 아니라, 자신만의 관점으로 수업을 창조하는 '권위자'로 설 때, 비로소 학생들은 교사를 향해 존경의 눈빛을 보낸다. 흔들리지 않는 지적 권위, 이것이야말로 교실을 지탱하는 가장 단단한 기둥이다.

하지만 기억하자. 아무리 구조적으로 완벽하게 설계된 건축물이라도 그 안에 온기가 돌지 않는다면 사람은 머물 수 없다. 냉철한 지성은 굳게 닫힌 배움의 문을 열지만, 학생의 삶을 송두리째 흔들고 변화시키는 것은 또 다른 차원의 힘을 필요로 한다. 이제 우리는 그 완벽한 지적 설계도 위에, 사람의 숨결을 불어넣는 다음 여정으로 나아가야 한다. 차가운 머리로 길을 텄다면, 이제는 뜨거운 가슴으로 그 길을 걷게 할 차례다.

지식의 건축가에서, 마음을 움직이는 예술가로. '정(情)의 에듀맨십'의 문을 연다.

2장

정(情) 메마른 의무에서
감각의 정원으로

'자기배려'를 통해 존중하는 교실

"교단에 서는 게 가슴 뛰게 즐거우신가요?"

이 질문을 던지면 선생님 대부분은 씁쓸한 미소부터 짓는다. "즐거움이라니요. 사고만 안 터져도 다행이죠." 매일 아침, 무거운 몸을 이끌고 학교로 향하는 발걸음에는 납덩이 같은 의무감이 매달려 있다.

사회는 너무 오랫동안 교사라는 직업을 비장한 희생과 무거운 책임이라는 잿빛 프레임에 가두어 왔다. 교사는 그 사명감 아래 학생들을 위해 촛불처럼 매 순간 스스로를 불태워야 했고, 감정이 너덜너덜해진 순간에도 늘 온화한 가면을 써야만 했다. 그러다 보니 감정의 소모가 극한에 다다를 때면, 차라리 스스로를 고립시키는 것만이, 거친 교실에서 살아낢을 유일한 길이라 믿으며 마음의 문을 닫게 된다.

감각이 마비된 교사가 과연 학생들의 감각을 깨울 수 있을까? 교사가 먼저 숨을 쉬고 삶의 행복한 활력을 만끽할 수 있어야 학생들도 행복의 길로 안내할 수 있다. 교육은 본질적으로 차가운 텍스트를 전송하는 일이 아니다. 교사의 눈빛, 목소리의 떨림, 그리고 몸에서 뿜어져 나오는 생생한 에너지가 아이들의 영혼과 부딪히는 '감각의 충돌'이다.

서이초의 비극 이후, 거리를 메웠던 검은 점들의 슬픔은 우리에게 뼈아픈 진실을 가르쳐주었다. 우리가 잃어버린 것은 단순히 교권이나 물리적인 시간이 아니었다. 바로 가르침의 '활력'과 관계의 '온기', 즉 교실에서 교사와 학생이 마땅히 누려야 할 '즐거움'이었다. 이제 교사가 스스로를 소진하며 버티는 방식은 한계에 다다랐다. 사회가 강요한 비장한 희생의 프레임을 거부하고 교사 자신의 인간적인 행복을 먼저 회복해야 한다. 교사가 감각회복을 통한 삶의 활력을 되찾고 배움의 기쁨에 전율할 때, 그 에너지는 학생들에게 고스란히 전이된다. 무너진 교육 현장을 다시 세우는 힘은 교사의 억눌린 인내심이 아니라, 교사가 먼저 회복한 생생한 삶의 감각에서 시작된다.

현대 철학자 미셸 푸코는 고대 그리스 철학을 빌려, 우리 개개인은 '자기배려(CuraSui)'가 있는 삶을 살아야 한다고 강조한다. 푸코가 말한 자기배려란 자신의 몸과 마음을 건강하게 관리하는 것을 넘어, 자신의 존재를 주체적으로 가꾸는 '존재의 기술'을 의미한다. 그것은 메마른 사막 같은 일상에 물을 대고 꽃을 피우는 행위이며, 자신의 존재를 기쁘게 돌보는 감각적 향유와 같다.

'자기배려'가 없는 삶을 사는 사람은 주변인에 대한 '타인배려'로 나아가기 어렵다. 나를 사랑하는 방법을 모르는 사람이 어찌 타인을 제대로 사랑할 수 있겠는가. 마찬가지로 교사 스스로를 돌볼 줄 모르는 사람은 학생을 돌보고 소중히 아끼며 이끄는 법 또한 온전히 깨닫기 어렵다. 자기를 배려할 줄 아는 교사만이 타인에게 예속되거나 타인을 지배하려 하지 않고, 학생들과 대등하고 건강한 관계를 맺을 수 있다.

자신의 내면을 평화롭게 다스리는 교사는 학생에게 자신의 결핍을 투사하거나 무리한 요구를 하지 않는다. 대신 자신의 충만한 생동감을 바탕으로 학생들이 스스로 빛날 수 있는 공간을 마련해 준다. 결국 교사의 자기배려는 학생을 향한 가장 깊은 차원의 존중이며, 교실이라는 공동체를 지키는 가장 단단한 방어선이 된다. 교사의 내면이 풍요로워질 때, 그 여유와 온기는 드디어 교실 구석구석으로 흘러가 학생들의 마음을 적신다.

상처 입은 '나'를 관찰하다

안타깝게도 많은 교사가 교단 위에서 '슬픈 광대'가 되어가고 있다. 속은 숯검정처럼 타들어 가는데, 겉으로는 스마일 마스크를 쓰고 과장된 하이톤으로 수업을 한다. 이것은 몰입이 아니라 서글픈 연기다. 학생들은 교사의 억지 웃음 뒤에 숨겨진 피로와 불안을 본능적으로 감지한다. 이러한 부자연스러운 감각은 교실 공기를 무겁게 가라앉히며, 결국 교사와 학생 모두를 정서적 질식 상태로 몰아넣는다.

우리는 흔히 교실의 문제를 해결하기 위해 학생들을 분석하거나 학부모의 반응에 대응하는 기술을 배우자고 말한다. 하지만 이는 시선을 늘 '바깥'으로 향하게 만드는 꼴이 된다. 순서가 뒤바뀌었다. 튜닝이 엉망인 악기로는 그 어떤 명곡도 연주할 수 없듯, 내 안의 고유한 리듬과 선율을 잃어버린 교사는 학생과 학부모 등 타인과 진정으로 조화를 이룰 수 없다. 따라서 상처받은 나의 몸, 바로 '나 자신'의 감각에 깊이 몰입하는 것에서 모든 교육적 관계는 시작되어야 한다.

그러나 현실은 그리 녹록지 않다. 교사는 늘 학생들의 즉각적인 반응과 학부모라는 타인의 시선에 갇히기 일쑤다. 매 수업마다 이들의 눈치를 볼 수밖에 없는 현실에 전전긍긍하다 보면, 교실은 어느새 창살 없는 감옥이 되고 교사는 그 안에 갇힌 신세가 된다. 타인의 평가에 매몰된 채로는 결코 진정한 교육적 만남을 이룰 수 없다. 학생들의 기분을 맞추기 위해, 혹은 학부모의 민원을 피하기 위해 연기하는 수업은 교사와 학생 모두를 소진시킬 뿐이다. 그러므로 외부로 향한 안테나를 거두고 상처받은 나의 감각을 먼저 회복해야 한다.

그렇다면 이 감각의 혁명은 구체적으로 어디서부터 시작되어야 할까? 우리가 교실에서 느끼는 피로감의 실체는 가르치는 노동 그 자체가 아니라, 내 감각의 주권을 타인에게 양도했기 때문에 발생한다. 타인의 반응에 따라 내 기분이 춤을 추고, 외부의 요구에 맞춰 내 몸을 구겨 넣는 과정에서 교사의 주체성은 사라지게 된다. 따라서 감각의 혁명이란, 외부로 흩뿌려졌던 나의 에너지를 다시 내 몸 안으로 회수하는 작업이다.

낯설고도 가까운 우주인 '나'에게로 방향을 틀어, 나를 마치 예술 작품을 감상하듯 제3자의 눈으로 관찰해 보자. 학생이 소란을 피울 때 즉각적으로 화를 내는 것이 아니라, '지금 내 호흡이 가빠지고 목 근육이 긴장하고 있구나.'라고 먼저 알아차리는 것이다. '학부모의 전화가 나의 수치심을 자극하여 자존심을 바닥으로 내려가게 만들고 있어. 너 괜찮니?' '심장이 두근거리고 있네. 많이 흥분했어.'와 같이 자신의 신체 신호와 감정을 있는 그대로 수용하는 것부터 시도해야 한다.

사실 감정을 실시간으로 알아차리는 것은 말처럼 쉽지 않다. 특히 화가 나거나 흥분된 상태에서는 객관성을 유지하기 어렵다. 이성적 판단이 흐려지면 감정적인 언행이 앞서게 되고, 이는 사건의 전후 맥락을 모르는 학생들에게 오해를 불러일으키는 원인이 된다. 교사의 격앙된 목소리와 표정은 학생들에게 배움의 내용보다 더 강렬한 공포나 혼란으로 각인되기 때문이다. 이런 경우, 교실 문을 열기 전 잠시 아무도 없는 곳에서 호흡을 가다듬으며 '나'를 먼저 인식하는 시간이 절실하다. 내면의 소란을 잠재우기 위해 나의 떨리는 손, 혹은 차갑게 변해버린 손을 가만히 가슴에 가져다 대보자. 차가운 손과 뜨거운 가슴이 만나는 지점에서 전해지는 촉감에 집중하며 스스로에게 말을 건네는 것이다.

"괜찮아. 너는 충분히 잘하고 있어.", "지금 이 상황도 지혜롭게 해결할 수 있어. 감정에 휩쓸려 나를 잃어버리지 말자.", "나는 교육의 길을 걷는 교사이며, 그 이전에 존재 자체로도 사랑받기에 충분한 사람이야."

이 짧은 멈춤의 시간은 자극과 반응 사이에 '선택의 공간'을 만들어준다. 억지로 자신을 다독이는 최면이 아니라, 오늘 내가 느끼는 감정의 결을 있는 그대로 인정하는 것만으로도 감정의 폭주는 멈춘다.

내가 나라는 악기를 섬세하게 조율할 수 있을 때, 드디어 타인이라는 또 다른 악기와 아름다운 화음을 만들어낼 수 있다. 관계의 기적은 타인이 아니라, 바로 '나 자신'의 감각에 깊이 몰입하는 그 찰나의 순간에서 시작된다.

체력 관리, 교사 역량의 기초

타인 앞에 선다는 것은 결코 아무나 할 수 있는 일이 아니다. 더군다나 내가 가진 지식과 교육 철학을 전수하는 일은 더욱 세심한 준비를 요구한다. 또한 교사로서 교단에 설 때

만큼은 나의 머리끝부터 발끝까지가 학생들에게 고스란히 공개된다. 그렇기에 내가 가진 교육적 지식뿐만 아니라 옷차림, 제스처, 표정 하나까지 모두 학생들에게 전달된다. 이러한 외적인 부분까지 빈틈없이 관리해야 한다는 사실은 교사에게 적지 않은 부담감으로 작용한다.

하지만 이 모든 외적인 관리보다 앞서야 할 것은 바로 교사의 체력 관리다. 학생 한 명 한 명을 마주 보고 이야기하거나 그들의 이야기를 듣고 응대하는 과정은 막대한 에너지를 소모한다. 교육은 본질적으로 고도의 에너지를 소모하는 활동이다. 교사가 지치고 병든 몸으로 교단에 설 때, 아무리 훌륭한 교수법도 빛을 발하기 어렵다. 무너진 몸은 표정과 몸짓을 통해 학생들에게 자신의 고단함을 무의식중에 호소하게 되기 때문이다.

물론 교사도 사람이다. 당연히 아플 수 있다. 감기나 독감 같은 바이러스성 질환에 노출되는 것은 불가항력적인 일이다. 그러나 이러한 예외적인 상황을 제외하고, 평소 자신의 몸을 관리하지 못해 나타나는 무기력함이나 약함은 결국 자기 관리에 소홀한 모습으로 비칠 수 있다. 건강한 신체를 유지하는 것은 단순히 개인의 만족을 넘어, 교단 위에서 자신의 교육 철학을 당당하게 증명해 보이는 전문성의 기초가 된다.

또한 교사의 체력은 학생들의 돌발 행동과 과중한 업무 스트레스를 견뎌내는 최전방의 방어선이다. 몸의 에너지가 고갈되면 인내심도 금세 바닥을 드러내기에, 작은 자극에도 감정적으로 반응하기 쉽다. 따라서 교사는 자신의 몸과 마음을 단련하는 일을 결코 소홀히 해서는 안 된다. 규칙적인 운동과 바른 식습관은 학생들뿐만 아니라 교사 자신에게도 반드시 필요한 자기배려의 실천이다.

단단하게 단련된 몸은 목소리에 힘을 싣고, 교실 전체를 장악하는 안정감 있는 카리스마를 만든다. 체력이 뒷받침된 교사에게는 여유가 있다. 예기치 못한 상황에서도 버텨낼 에너지가 비축되어 있기 때문이다.

레오나르도 다빈치의 인체도는 단순히 근육질의 외형을 전시하는 작품이 아니다. 그것은 수치와 조화가 완벽하게 맞물린 인간 신체의 본연적 질서를 상징한다. 우리는 이 작품을 단순히 '아름다운 몸매를 만들자'라는 외적 권유로 읽기보다, '자신의 신체를 방치하지 않고 인간 본연의 건강하고 균형 잡힌 상태를 회복하겠다.'라는 존재론적 선언으로 받아들여야 한다. 신체를 가꾸는 행위는 타인에게 보여주기 위한 과시가 아니라, 흐트러진 내면의 질서를 신체적 정렬을 통해 다시 세우는 과정이다. 교사가 자신의 몸을 정교하게 다듬고 단련하는 것은, 교육이라는 숭고한 과업을 수행하기 위해 스스로를 가장 최적의 상태로 조율하는 의식과 같다. 다빈치가 그려낸 완벽한 비율의 인체처럼, 교사 역시 자신의 신체를 건강하게 회복할 때 비로소 그 단단한 바탕 위에서 흔들림 없는 교육 철학을 실현할 수 있다.

운동을 통해 자신의 근육과 호흡에 집중하다 보면 평소 무감각하게 지나쳤던 내 몸의 비명을 듣게 된다. 잔뜩 긴장해 딱딱해진 어깨, 얕아진 호흡, 그리고 그 신체적 긴장 아래 숨어 있던 심리적 허기를 발견하는 것이다. 몸을 가꾸는 정직한 노동의 시간은 역설적으로 가장 깊은 내면의 목소리를 듣는 시간이 된다. 몸을 정성껏 보듬다 보면 내가 보이고, 내가 보이기 시작하면 상처 난 곳, 아픈 곳, 서글픈 곳, 그리고 치료해야 할 곳이 선명해진다. 신체의 감각을 깨우는 행위가 마음의 문을 여는 열쇠가 되는 셈이다. 이것이 바로 우리가 도달해야 할 진정한 의미의 '감각 회복'이며, 교사로서의 자아를 다시 세우는 기초가 된다.

서로의 상처를 보듬는 교실

교사도 인간이다. 이 말은 교사 역시 아프고 상처받는 존재라는 뜻이다. 우리는 흔히 교단 위에서 완벽한 권위의 화신이 되어야 한다는 강박에 시달리지만, 때로는 학생들에게 완벽하지 않은 인간임을 솔직하게 드러내도 괜찮다. 이는 감정적인 하소연이 아니라, 인간 대 인간으로서 건네는 진실한 마주함이기 때문이다. 분노와 짜증으로 감정을 쏟아내는 대신, "선생님도 지금 이런 상황에서 마음이 아프고 상처를 받는다."라고 담백하게 전해 보자. 그리고 앞으로는 서로에게 상처를 주지 않는 교실을 함께 만들자고 제안하는 것이다.

이때 학생은 교사를 대항해야 할 대상이 아닌, 자신과 같은 '느끼는 존재'로 인식한다. '선생님도 나처럼 아픈 사람이구나.'라는 안도감은 학생들의 방어기제를 누그러뜨리고 마음의 문을 열게 한다. 지식의 전달을 넘어 영혼이 접속되는 '사건'은 바로 이 지점에서 일어난다.

교사와 학생 사이에는 세대와 입장 차이라는 거대한 강이 흐른다. 이 아득한 거리감은 인위적인 완벽함으로 메우기 어렵다. 매끄럽고 완벽한 벽에는 누구도 편히 기대어 쉴 수 없기 때문이다. 서로의 주파수가 맞아떨어지는 공명의 순간은, 역설적이게도 우리가 그토록 감추려 했던 '상처'라는 틈새를 통해 일어난다.

교단에서 무장 해제하고 "그때 선생님도 정말 세상이 무너지는 것 같았어."라고 솔직한 삶의 한 조각을 내보일 때, 교실의 공기는 온기를 띤다. 거칠게 흔들리던 학생들의 눈동자가 평온을 되찾고, 굳게 닫혔던 마음의 빗장이 풀린다. 나의 상처를 돌본 경험이 타인의 아픔을 읽어내는 지혜가 되고, 나의 취약함을 인정한 용기가 교실 전체를 치유하는 울림이 된다. 이것이 바로 우리가 오늘 교단에서 마주할 수 있는 가장 인간적인 교육의 장면이다.

실천 가이드
교사의 존재론적 회복을 위한 5가지 열쇠

✖ 열쇠 1. 시선을 내부로 전환하라

안타깝게도 많은 교사가 교단 위에서 '슬픈 광대'가 되어가고 있다. 속은 타들어 가는데 겉으로만 웃는 가짜 감각은 교실 공기를 무겁게 만든다. 우리는 늘 학생들을 분석하거나 기술적으로 대응하려 하지만, 시선은 늘 '바깥'이 아닌 '안'을 향해야 한다. 튜닝이 엉망인 악기로는 명곡을 연주할 수 없듯, 내 안의 리듬을 잃어버린 교사는 학생과 진정으로 조화를 이룰 수 없다. 외부로 향했던 안테나를 내 몸으로 돌려 지금 내가 무엇을 느끼는가를 살피는 것이 감각 회복의 시작이다.

✖ 열쇠 2. 나를 향한 환대 선언하기

퇴근길, 오늘 하루라는 험난한 파도를 넘긴 자신에게 구체적이고 따뜻한 위로를 건네보자. 스스로를 귀하게 여기고 환대할 줄 아는 교사만이, 교실 안의 학생들 또한 조건 없이 받아들이고 사랑할 수 있는 내면의 공간을 확보한다. 타인을 품기 위해 나를 소모하는 것이 아니라, 나를 사랑함으로 넘쳐나는 에너지가 학생들에게 흘러가게 해야 한다. 교육의 시작은 언제나 '나 자신을 온전히 사랑하는 것'부터이다.

✖ 열쇠 3. 체력을 키워 에너지를 모아라

운동과 식습관 관리를 단순한 개인의 자기 관리가 아닌, 가장 본질적인 '수업 준비'의 과정으로 인식해야 한다. 교사의 몸은 지식과 에너지를 전달하는 유일한 매개체이기 때문이다. 단단하게 단련된 체력에서 뿜어져 나오는 안정적인 목소리와 흐트러짐 없는 자세는, 그 어떤 화려한 시청각 자료보다 강력하게 교실 전체를 장악하는 카리스마를 만든다. 몸을 가꾸는 것은 결국 학생들 앞에 서는 교사로서 자부심을 지키는 일이다.

✖ 열쇠 4. 교사도 인간임을 알리라

교사도 아프고 상처받는 하나의 인간임을 학생들에게 솔직하게 알리는 것은 결코 부끄러운 일이 아니다. 완벽한 권위라는 갑옷을 벗고 인간적인 취약함을 드러낼 때, 비로소 학생들은 교사를 대항할 대상이 아닌 나와 같은 느끼는 존재로 인식한다. "선생님도 지금 이런 상황에서는 마음이 아프다."라는 진솔한 고백은 학생들의 방어기제를 누그러뜨리고 마음의 빗장을 여는 열쇠가 된다. 나의 상처를 공유하는 용기는 지식 전달을 넘어 영혼이 접속되는 '공명'의 순간을 만든다.

✕ 열쇠 5. 학생의 상처를 보듬어라

내가 나를 먼저 돌보고 감각을 회복해야 하는 이유는, 그래야만 비로소 학생들의 가시 돋친 말속에 숨겨진 여린 살결이 보이기 때문이다. 내 안의 울림을 들을 수 있는 교사만이 학생들의 깊은 침묵 뒤에 숨겨진 비명을 읽어낼 수 있다. 나를 환대하며 얻은 마음의 여백으로 학생의 아픔을 온전히 수용하고 보듬어 주자.

지금까지 우리는 교실이라는 공간이 단순히 차가운 지식이 오가는 곳이 아니라, 뜨거운 감정이 흐르는 혈관임을 확인했다. 또한 그 혈관을 순환시키는 심장이 바로 교사 자신임을 깨달았다. 우리는 더 이상 슬픈 광대가 되기를 거부한다. 대신 자신의 상처를 돌보고 스스로를 환대하는 '상처 입은 치유자'가 되기로 결심했다. 내가 먼저 행복해야 아이들을 행복의 길로 안내할 수 있다는 사실은 이제 우리에게 선택이 아닌 가장 엄중한 직업적 윤리다.

나를 돌보는 용기, 나의 감정을 섬세하게 읽어내는 지혜, 그리고 무너진 체력을 다시 일으켜 세우는 정성. 이 모든 '정(情)'의 실천들이 모여 비로소 교실은 안전하고 따뜻한 사람의 공간으로 다시 태어난다.

하지만 우리의 집짓기는 아직 끝나지 않았다. '지(知)'라는 명석한 설계도가 있고, '정(情)'이라는 따뜻한 온기가 채워졌다 해도, 비바람이 몰아칠 때 지붕을 떠받쳐 줄 단단한 기둥이 없다면 그 집은 사상누각에 불과하다. 교사와 학생 사이의 사적인 친밀감을 넘어, 우리를 하나의 공동체로 묶어주는 공적인 약속과 신뢰가 필요하다. 감정에 치우치지 않는 공정함, 힘들어도 옳은 길을 걷겠다는 결단, 그리고 끝까지 아이를 포기하지 않겠다는 굳건한 마음. 이제 우리는 머리와 가슴을 지나, 손과 발이 움직이는 실천의 세계로 나아간다. 흔들리는 교실의 중심을 잡는 마지막 열쇠, 의(意)의 에듀맨십이다.

의(意) 실천으로 완성되는 성장의 공동체

멈춰줄 어른이 없었던 소년의 시간

영국 드라마 〈소년의 시간〉에는 보는 이의 마음을 안타깝게 하면서도, 동시에 등 뒤를 서늘하게 만드는 열세 살 학생 제이미가 등장한다. 그는 돌이킬 수 없는 끔찍한 잘못을 저질렀음에도 경찰서 취조실에서 눈 하나 깜짝하지 않는다. 오히려 절망하며 무너져 내리는 아버지를 곁눈질로 살피며 상황을 계산하는 그의 눈빛에는, 죄책감 대신 섬뜩한 당당함만이 서려 있다.

우리는 제이미를 보며 분노하기보다 깊은 연민을 느끼게 된다. 드라마는 이 아이를 단순히 악마로 그리지 않는다. 대신 제이미가 왜 이렇게까지 될 수밖에 없었는지를 집요하게 파고든다. 그는 어른들을 속이고, SNS에서 비행을 일삼으며, 자신을 상담하는 선생님조차 협박한다. 드라마 속에서는 그 누구도 제이미의 보이지 않는 탈선을 막지 못한다. 아버지도, 경찰도, 학교 선생님들도 그저 쩔쩔매거나 외면할 뿐이다.

그런데 이 드라마를 유심히 보면 계속해서 강조하는 단어 하나가 있다. 바로 '적합한 어른(Appropriate Adult)'이다. 드라마는 과연 적합한 어른은 누구이며, 그들은 지금 어디에 있는가를 우리에게 끊임없이 질문한다. 화면 속 텅 빈 제이미의 눈동자는 우리에게 이렇게 묻는 듯하다. "내가 잘못된 길로 들어섰을 때, 나를 멈춰 세워 줄 진짜 어른은 어디에 있나요?" 이 질문 앞에 우리는 선뜻 답하기 어렵다.

적합한 어른이란 단순히 나이가 많은 사람이나 법적 보호자를 뜻하지 않는다. 그것은 학생의 일그러진 일상을, 자신도 모르게 빠져든 비행의 늪을 바로잡아 줄 참된 어른을 의미한다. 이 질문은 오늘날 우리 교실을 향한 아픈 경고로 다가온다. 교사의 역할은 이제 명확해졌다. 학생이 잘못된 방향으로 향할 때 그 어깨를 붙잡고 올바른 길로 안내하는 것, 제멋대로 돌아가는 그 핸들을 단단히 잡아주는 몫은 분명 교사에게도 있다. 이것이 바로 에듀맨십의 핵심인 '의(意)'다.

교사의 '의'는 적절한 순간에 적합하게 개입하는 용기다. 즉, 불의를 보았을 때 회피하지 않고 단호하게 다가서는 실천적 용기를 의미한다. 따라서 의는 머리로 아는 가치를 교육 현장에서 직접 증명해 내는 과정이며, 교사가 지켜야 할 책임이다.

교실의 틈을 메우는 불운, 불의, 그리고 불찰의 성찰

고대 철학자들은 인간이 겪는 아픔의 원인을 크게 세 가지로 나누었다. 불운, 불의, 그리고 불찰이다. 이 세 가지는 우리의 삶 속에서 끊임없이 반복된다. 하늘에서 갑자기 쏟아지는 소나기처럼 피할 수 없는 사고가 닥치기도 하고(불운), 때로는 타인의 이기심이나 사회의 부조리로 인해 상처를 입기도 하며(불의), 스스로의 잘못된 판단이나 실수로 뼈아픈 후회를 남기기도 한다(불찰). 아픔의 원인은 다양하지만, 그것을 겪고 난 뒤의 모습은 오직 나의 선택에 달려 있다. 불운과 불의 속에서도 중심을 잡고, 자신의 불찰을 고쳐나가는 과정이야말로 고통이라는 파도를 타고 인생이라는 바다를 건너는 유일한 방법이다.

우리는 이 반복되는 아픔을 통해 어제보다 조금 더 강인한 사람이 된다. 마찬가지로 학생이나 청소년들 역시 삶의 궤도에서 이 세 가지 고통을 필연적으로 마주한다. 어른조차 감당하기 힘든 이 아픔들이, 아직 미성숙한 학생들에게는 스스로 이겨내기 벅찬 거대한 벽으로 다가올 수밖에 없다. 따라서 교사는 학생의 고통을 단순한 성장통으로 치부하며 방치해서는 안 된다.

때로는 가해자와 피해자가 한 공간에 공존하는 복잡한 교실 안에서, 교사는 예리한 관찰자가 되어야 한다. 학생들이 아픔에 함몰되지 않고 당당히 맞설 수 있도록 용기를 북돋워 주는 것, 그리고 적절한 시기에 개입하여 비극을 막는 것이 교사의 핵심적인 역할이다.

이러한 관점에서 교사가 학교 현장에서 마주하게 되는 세 가지 상황은 다음과 같다.

첫째는 '불운'의 상황이다. 말 그대로 운이 나빠서 마주하게 되는 고통의 순간이다. 학기 초, 유독 손이 많이 가는 반을 맡게 될 때 나도 모르게 "이번 반은 운이 없네."라고 혼잣말을 할 때가 있다. 철학자의 시선으로 보면 이는 일종의 불운일 수 있다. 운은 내가 의도한 것도, 누군가 고의로 만든 것도 아닌 우연의 산물이기 때문이다. 하지만 이를 단순히 운이 나쁜 일로 치부하기보다, 반드시 만나야 할 운명으로 받아들이는 태도가 필요하다. 그래야만 학생들과 이어나갈 시간 속에서 진정한 책임감과 교육적 마음가짐을 가질 수 있다.

사실 조금 더 생각을 깊게 하면, 지금이 아니고서야 이 학생들을 인생의 어느 지점에서 다시 만날 수 있겠는가. 수많은 사람 중에서 나와 같은 반으로 인연을 맺게 된 이들을 행운이자 귀한 손님이라고 생각한다면, 그 만남은 더없이 소중하고 반갑게 느껴질 것이다.

둘째는 '불의'의 상황을 맞닥뜨릴 때이다. 철학적 관점에서 불의란 마땅히 행해야 할 옳음을 알고 있음에도, 순간의 이기적인 감정이나 편의를 위해 이를 저버리는 것을 의미한다. 흔히 학생이 문제를 일으키는 바탕에는 스스로 조절하지 못한 격한 감정이 있다. 하지만 이 상황을 대하는 교사의 태도 역시 불의가 될 수 있음을 경계해야 한다.

학생의 잘못을 분명히 목격했음에도 대응하는 과정이 번거롭고 귀찮다는 이유로 눈을 감아버리는 방임, 혹은 순간적인 화를 참지 못해 학생에게 교육적이지 못한 상처를 주는 말은 교사가 저지르는 또 다른 형태의 불의이다. 즉, 무엇이 옳은 지도인지 알면서도 자신의 감정 조절에 실패하거나 상황에 굴복하여 교육적 책무를 다하지 않는 것이 바로 교실 안의 불의이다. 교사가 불의를 보고도 적절히 개입하지 않거나 감정적으로 대응한다면 교실의 정의는 무너지고 학생들은 올바른 길을 배울 기회를 잃게 된다.

마지막으로 주목해야 할 것은 바로 '불찰'이다. 옛 철학자들은 이를 '하마르테마(Hamartema)'라고 불렀다. 활을 쏘았으나 과녁을 빗나갔다는 뜻이다. 이는 악한 마음이 있어서가 아니라, 자신이 마땅히 해야 할 '몫'을 다하지 못해 생기는 문제, 즉 '놓쳐버린 몫'을 의미한다.

"학생이 원래 좀 산만하니까."라며 사소한 징후를 습관적으로 넘기거나 "설마 무슨 일 있겠어?", "별일 아니겠지."라며 안일하게 판단했던 일들이 훗날 큰 사고로 번진다면 이것이 바로 불찰이다.

처음에는 의도치 않은 작은 실수 같지만, 이 '빗나간 몫'들이 쌓이면 나중에는 돌이킬 수 없는 비극적인 결과를 낳는다. 교사가 자신의 몫인 '예리한 관찰과 지도'라는 활시위를 놓아버리는 순간 교실에는 틈이 생기고, 학생들은 그 틈 사이로 길을 잃게 된다.

결국 교사의 개입은 단순히 잘못을 지적하는 행위를 넘어, 빗나간 화살의 궤도를 다시 과녁으로 돌려놓는 일이다. 한 학생이 생의 궤도에서 이탈하지 않도록 붙잡아주는 이 작은 개입 하나가 누군가에게는 인생의 방향을 완전히 바꿔놓는 구원의 손길이 될 수 있음을 교사는 기억해야 한다.

골든 타임을 놓치지 않는 '적합한 개입'

소크라테스는 '아는 것과 행동하는 것은 하나'라고 했다. 만약 우리가 학생을 방치하면 안 된다는 것을 머리로는 알면서도 행동으로 옮기지 않는다면, 그것은 진정으로 아는 것이 아니다. 수업 시간에 엎드려 자는 학생이나 친구에게 가시 돋친 말을 내뱉는 학생을 보며 지도 시점을 미루는 것은 교육의 '골든 타임'을 흘려보내는 일이다. 학생들이 나태함의 늪으로 발을 헛디디거나 분노에 휩싸여 선을 넘으려는 찰나, 교사는 단호하게 개입해야 한다. "멈춰라. 지금 그 행동은 너답지 않다." 이 한마디는 비난이 아니라, 폭주하는 감정으로부터 학생을 보호하는 안전벨트이자 "너를 포기하지 않겠다."라는 강력한 사랑의 선언이다.

실제로 '문제 학생'으로 낙인찍혀 매일같이 교사들과 전쟁을 치르던 학생 A가 있었다. 학생 A는 규칙을 어기며 교사의 반응을 즐기는 방식으로 관심을 끌려 했다. 선생님들이 화를 내면 "어른들은 다 똑같다."라며 비웃었고, 무시하면 더 엇나갔다. 어느 날, 학생 A가 수업 중 친구를 조롱하며 선을 넘었을 때 한 선생님은 화를 내는 대신 하던 말을 멈추고 학생 A의 눈을 똑바로 응시했다. 그리고 낮지만 흔들림 없는 목소리로 말했다. "여기서 멈춰라. 여기서 더 나아가면 너 스스로를 해치게 된다. 선생님은 네가 너 자신을 망가뜨리는 걸 보고 싶지 않다."

학생 A는 그 단호한 말에 당황했다. 그것은 비난이 아니라 '보호'의 언어였기 때문이다. 그날 이후 선생님은 학생 A가 선을 넘으려 할 때마다 끈질기고, 일관되게 그 앞을 가로막았다. 학생 A는 곧 선생님이라는 존재가 자신을 가두는 감옥이 아니라, 쓰러지지 않도록 받쳐주는 '버팀목'이라는 사실을 깨달았다. "제가 아무리 반항해도 선생님은 안 물러나시네요. 그래서 좀 안심이 돼요." 훗날 학생 A가 남긴 고백이다. 흔들리지 않는 어른이 버티고 서 있을 때, 학생은 비로소 마음의 안정을 찾고 자신의 행동을 반성한다.

이러한 학교 현장의 실제적인 고민에 대해『학생 성장을 위한 인게이지먼트 핸드북』은 실질적인 방법론을 제시한다. 대표적인 예로 집단따돌림을 막기 위해 '주변인' 즉, 같은 반 학생들이 적극적으로 개입하도록 유도하는 프로그램 사례를 소개하고 있다.

이 책에 소개된 사례에 따르면, 교사는 학생들의 포용적인 행동에 대해 보상을 제공하거나 어려움에 처한 동료를 서로 지원할 수 있도록 학급 규칙을 세우는 프로그램을 운영했다. 그 결과 실제로 집단따돌림의 피해 사례가 줄어드는 뚜렷한 효과를 거두었다. 이 사례를 주목해야 하는 이유는 교사 개인이 모든 짐을 짊어지는 것이 아니라, 학교 전체의 풍토를 바꾸어 문제를 해결하는 방향을 제시하기 때문이다.

교사 혼자 고립되어 개입하는 것에는 한계가 있다. 따라서 학급 구성원 모두가 함께 개입하는 상황을 설계하는 것도 중요한 전문적 개입의 방법이다. 결국 학생의 이탈을 막고 학습 몰입을 돕기 위해서는 교사 혼자만의 노력이 아닌 교사, 부모, 그리고 학생 집단 모두가 각자의 위치에서 방관을 멈추고 역할을 다해야 한다. 교사가 공동체와 협력하여 문제를 해결해 나갈 때, 교실 안의 아픔은 개인의 불행으로 끝나지 않고 모두가 함께 성장하는 소중한 밑거름이 된다.

교실 밖 파트너, 부모와의 교육적 동맹

무너진 교권을 바로 세우고 교육계를 안정시키기 위해서는 반드시 교실 밖의 파트너, '부모'와의 관계를 회복해야 한다. 아이는 학교와 가정이라는 두 바퀴로 굴러가는 자전거와 같기에, 우리는 부모를 감시자가 아닌 동맹군으로 만드는 실천을 시작해야 한다.

오늘날 많은 교사가 학부모의 전화벨 소리에 가슴이 철렁 내려앉는다. 늘 사고가 터졌을 때만 연락하다 보니, 부모에게도 교사의 연락은 '청구서'나 '징계 통보'처럼 느껴지기 때문이다. 이 악순환을 끊기 위해 우리가 해야 할 실천은 '아무 일도 없을 때' 먼저 건네는 '햇살 전화' 한 통이다. "어머님, 오늘 영수가 급식 시간에 친구의 식판을 대신 들어주더군요. 가정에서 참 따뜻하게 키우신 것 같습니다. 감사합니다."

이 짧은 감사 인사가 부모의 마음을 무장 해제시킨다. 내 아이의 장점을 알아주는 교사에게 날을 세우는 부모는 없다. 교사가 먼저 아이의 작은 변화를 발견해 부모와 공유하는 실천이 쌓일 때, 부모는 교사를 내 아이를 함께 키우는 운명 공동체로 받아들이게 된다. 이렇게 평소에 쌓아둔 신뢰 적금은 훗날 아이에게 진짜 훈육이 필요할 때, 부모가 교사의 편에 서게 만드는 결정적인 힘이 된다.

부모와 교사가 손을 맞잡을 때, 가장 크게 성장하는 것은 바로 학생 자신이다. 학생들은 본능적으로 부모의 등을 보고 자란다. 저녁 식사 자리에서 부모가 "너희 선생님 참 훌륭하신 분이야. 선생님 말씀 잘 들어야 해."라고 말할 때, 아이 마음속에는 선생님에 대한 깊은 존경심이 싹튼다. 반대로 집에서 교사를 험담하면, 교실에서 아무리 좋은 수업을 해도 그 교육은 아이의 영혼에 닿지 않고 튕겨 나간다.

교사와 부모가 서로를 신뢰하고 존중할 때, 학생은 '나를 지켜주는 어른들이 하나로 연결되어 있다.'라는 안정감을 느끼며 올바르게 성장한다. "우리 엄마랑 선생님은 한패야. 내가 딴짓하면 다 아신다고!" 학생들이 이렇게 투덜대며 웃을 때, 길을 잃을 뻔한 아이들도 다시 돌아올 곳을 찾게 된다. 학교와 가정이 엇박자가 아닌 아름다운 이중주를 연주할 때, 아이의 삶은 비로소 단단한 궤도 위를 달리게 된다.

드라마 속 제이미의 곁에 학교와 가정이 서로 소통하며 그를 붙잡아 줄 '적합한 어른들'의 연대가 있었다면 그의 삶은 달라졌을지도 모른다. 이제 교사는 방관자가 아닌 '적합한 어른'이 되어야 하며, 부모와 '든든한 동지'가 되어 학생의 삶 속으로 함께 걸어 들어가야 한다. 그 협력의 걸음마다 학생의 삶과 우리 교육은 다시금 푸르게 성장할 것이다.

실천 가이드
교사의 지행합일을 위한 5가지 열쇠

✗ 열쇠 1. 아는 것을 행동으로 옮기기

소크라테스는 아는 것과 행동하는 것은 하나라고 했다. 학생을 방치하면 안 된다는 것을 머리로만 아는 것은 진정으로 아는 것이 아니다. 아이의 고립감과 아픔을 뼈저리게 느끼고, 그 현장 속으로 직접 뛰어들어 행동할 때 비로소 진정한 교육적 개입이 시작된다.

✗ 열쇠 2. 불의를 멈추는 '침묵과 응시'

학생이 선을 넘는 '불의'를 저질렀을 때, 교육적 효과가 가장 강력한 순간은 바로 사건 직후이다. 지도를 나중으로 미루지 말고 그 즉시 하던 말을 멈춘 채 학생을 응시하며 침묵의 시간을 가져야 한다. 이 단호한 개입은 교실의 질서를 수호하겠다는 교사의 강력한 의지이자, 폭주하는 학생의 감정을 끊어주는 안전벨트가 된다. 낮고 단호한 목소리로 교육의 골든 타임을 사수해야 한다.

✗ 열쇠 3. 불찰을 막는 '이름표 떼기'

교사의 편견이나 안일함은 '불찰'이라는 비극을 낳는다. 개입을 시작하기 직전, 마음속으로 학생의 성적이나 평판이라는 이름표를 떼어내야 한다. 오직 눈앞에 벌어진 행동 그 자체만 보고 판단하는 찰나의 자가 점검이 필요하다. 이러한 공정함이 뿌리내릴 때 학생들은 교사의 권위에 기꺼이 승복하며 자신을 돌아볼 기회를 얻는다

✗ 열쇠 4. 혼자가 아닌 '함께의 개입'

교사 혼자 고립되어 모든 문제를 해결하려는 부담을 내려놓아야 한다. 주변인(같은 반 학생들)이 방관자가 아닌 조력자로 참여할 수 있는 학급 문화를 설계하는 것도 고도의 전문적 개입이다. 학급 구성원 모두가 개입하는 상황을 만들 때, 교실 안의 아픔은 개인의 불행을 넘어 모두가 함께 성장하는 밑거름이 된다.

✗ 열쇠 5. 부모와의 교육적 동맹

부모는 교사의 감시자가 아닌 가장 든든한 파트너이다. 평소 학생의 장점을 공유하는 '햇살 전화'로 신뢰 적금을 쌓아야

한다. 평소에 쌓인 두터운 신뢰는 학생에게 엄격한 개입이 필요한 순간 부모가 교사의 편에 서게 만드는 힘이 된다. 부모와의 교육적 동맹이 완성될 때, 학교와 가정이 하나 되어 학생을 포기하지 않는 강력한 연대가 형성된다.

교사를 나가며

제자에게 디딤판을 놓아준 스승, 레플라트니에

우리가 꿈꾸는 에듀맨십을 온몸으로 실천하여, 평생 시계 톱니바퀴만 깎을 뻔했던 소년을 현대 건축의 거장으로 다시 태어나게 한 스승이 있다. 르 코르뷔지에의 스승, 샤를 레플라트니에다.

스위스의 척박한 시계 마을에서 태어난 소년 르 코르뷔지에는 대대로 물려온 가업을 위해 차가운 작업실에 갇혀 시계 뚜껑에 장식을 새겨 넣어야 할 운명이었다. 소년은 자신의 무궁무진한 가능성을 그 작은 톱니바퀴 안에 가두고 있었다.

하지만 미술 교사 레플라트니에는 이 소년에게서 거장의 씨앗을 발견했다. 그는 소년의 손을 잡고 산책하며 "자연만이 진정한 영감을 준다. 나무의 뿌리를 보라."고 가르쳤다.

스승은 소년에게 사물의 껍데기가 아닌 본질과 구조를 꿰뚫어 보는 '지(知)의 눈'을 뜨게 해주었다. 이 가르침은 훗날 르 코르뷔지에가 롱샹 성당처럼 생명력 넘치는 공간을 창조하는 단단한 발판이 되었다.

무엇보다 감동적인 것은 소년이 마주한 현실의 절벽 앞에서 스승이 보여준 '디딤돌' 역할이다. 소년은 시계공이라는 운명과 예술가라는 꿈 사이의 간극 앞에서 '나 같은 사람이 감히 예술을 할 수 있을까?'라며 두려워했다. 그때 스승은 "너는 생업에만 묶여 있기에는 너무 크다. 내가 너를 받쳐주마."라며 단단한 지지대가 되어주었다. 스승은 노동에 지친 소년을 언제나 고귀한 예술가로 환대하며 소년의 불안을 자신의 믿음으로 메워주었다.

그리고 결정적인 순간, 스승은 단호하게 개입했다. 소년이 현실에 안주하려 할 때 레플라트니에는 소년의 등을 떠밀었다. "내가 보기에 너는 시계공도, 조각가도 아니다. 너는 건축가가 되어야 한다." 이 한마디가 소년의 인생을 바꾸었다. 스승은 17살 제자에게 과감히 건축 설계를 맡기며 세상 밖으로 내보내는 용기를 보여주었다.

레플라트니에는 단순한 교사를 넘어, 세상으로 나아가려는 제자의 공포 앞에 '디딤판'을 놓아준 진정한 권위자였다. 스승이 놓아준 따뜻한 비계 덕분에 르 코르뷔지에는 단순한 물리적 공간인 '하우스(House)'를 넘어, 사람들의 삶이 이야기처럼 펼쳐지는 따뜻한 '홈(Home)'을 짓는 거장이 될 수 있었다.

준비된 학교, 이제 '부모'라는 토양으로

학교 담장 너머에는 또 다른, 어쩌면 더 강력한 교육의 주체가 존재한다. 아무리 학교에서 레플라트니에 선생님이 비계를 놓아주고 꿈을 심어주어도, 학생들이 돌아가야 할 '가정'이라는 토양이 척박하다면 그 싹은 말라버릴 수밖에 없다. 학교에서 "너는 건축가가 될 거야."라는 용기를 얻어도 집에서 "기술이나 배워서 돈이나 벌어라."라는 냉소적인 말을 듣는다면 학생의 꿈은 다시 시들어버린다.

교사가 '학교의 부모'라면, 부모는 '집안의 교사'다. 아이라는 나무가 곧게 자라려면 학교와 가정이라는 두 기둥이 균형을 맞춰야 한다. 교사가 현장에서 전문적인 '권위자'로 바로 섰다면, 이제는 부모들의 손을 잡아야 할 때다.

어떻게 하면 부모들이 불안을 내려놓고 아이를 믿어주는

'진짜 어른'이 될 수 있을까? 학교와 가정이 엇박자가 아닌, 환상의 이중주를 연주하려면 무엇이 필요할까? 이제 에듀맨십을 완성하는 마지막 퍼즐인 '부모'에 대해 논의해 보고자 한다.

3부 | 부모

참된 아름다움으로 안내하는 '작은 교사'

끝나지 않는 한국 교육의 비극

2025년 2월 방영된 '추적 60분'은 한국의 과열된 입시 경쟁이 얼마나 깊은 곳까지 침투했는지 보여주는 충격적인 보도이다. 대치동의 유명한 어느 학원에서는 주말 이틀 동안 약 1,200명이 넘는 7세 아동이 또 다른 유명 학원에 합격하기 위해 '7세 고시'를 치렀다. 그러나 이들 중 합격하여 학원에 입성할 수 있는 아이는 극소수에 불과하다.

7세 아이들은 미끄럼틀이나 그네를 타며 한창 뛰어놀 시기이다. 하지만 화면 속 아이들은 발이 땅에 닿지도 않는 높은 의자에 앉아 영어 에세이 시험을 준비하고 있다. 일부 아이들은 울음을 터뜨리며 입실을 거부하기도 하지만, 결국 부모의 손에 이끌려 고시장 같은 교실 안으로 발을 내디딘다.

더욱 놀라운 사실은 이 시험이 단순히 초등학교 입학을 목적으로 하지 않는다는 점이다. 이는 궁극적으로 '의대 진학

반'이 개설된 유명 학원에 들어가기 위해 거쳐야 하는 하위 단계 학원의 입학시험이다. 경쟁의 시계추는 이제 취학 직전을 넘어 3세 영유아기까지 앞당겨지는 비극적인 양상을 띤다. "기저귀를 떼면 등원할 수 있다."라는 학원 상담사의 말은 이미 이성을 상실한 우리 사회 교육열의 현주소를 분명하게 보여준다.

한편, 이토록 이른 경쟁에 자녀를 몰아넣는 부모들의 내면은 과연 평온한가. 실상은 그렇지 않아 보인다. 화면 속 부모들은 자녀를 교실에 들여보낸 뒤, 건물 밖을 나서자마자 억지로 지어 보였던 미소를 거둔다. 이들은 대기 중인 다른 부모들에게 "우울증이 왔다.", "내가 왜 이러고 사는지 모르겠다."라며 극심한 스트레스를 토로한다. 부모와 자녀 모두가 불행한 이 비정상적인 상황이 어째서 한국 사회의 주류가 되었는지, 우리는 이제 근본적인 질문을 던져야만 한다.

아이러니하게도 대한민국 사교육의 중심지인 강남 대치동 학원가에는 '스트레스 프리존(Stress Free Zone)'이 설치되어 있다. 학업에 지친 아이들이 이곳에서 소리를 지르며 억압된 감정을 해소하도록 돕겠다는 취지다. 하지만 이 시설의 존재와 확충 계획은 우리 교육 현실에 대해 묵직한 의문을 던진다. 격렬한 입시 경쟁이 벌어지는 사투의 현장 한복판에 이러한 완충 지대가 자리 잡고 있다는 사실 자체가 거대한 모순이기 때문이다. 이는 병의 근원은 방치한 채 일시적인 진통제만 처방하는 미봉책과 다를 바 없다. 이 풍경은 결국 경쟁 교육이 낳은 어두운 이면일 뿐이다.

잃어버린 아이들의 시간을 찾아서

대한민국 청소년(9~24세)의 사망 원인 현황은 우리 사회의 가장 어두운 단면을 드러낸다. 여성가족부의 2023년 통계에 따르면, 전체 청소년 사망자 1,867명 중 고의적 자해(자살)가 인구 10만 명당 11.7명을 기록하며 압도적인 1위를 차지했다. 이는 2위인 안전사고(3.2명)와 3위인 악성 신생물(암, 2.4명)의 3~4배에 달하는 수치로, 우리 사회에 커다란 충격을 안겨준다.

이 비극적인 지표는 최근 발생한 구체적인 사례들로 뒷받침된다. 부산 여고생 3명의 동반 자살 사건뿐만 아니라, 광주의 한 초등학교 인근에서 아이들의 집단 자해 행위가 유행처럼 번지며 교육 당국에 비상이 걸리기도 했다. 이러한 현상은 최고 수준의 스펙과 사교육을 갖추고 성장하는 아이들 사이에서 오히려 극단적인 선택이라는 '비극적 결말'이 증가하고 있다는 냉혹한 현실을 방증한다.

더욱 참담한 사실은 최고 학업 성취의 상징인 서울대학교 내에서도 자살 사건이 끊이지 않아 대학 측이 정신건강의학과 전문의를 교내에 상주시킨다는 점이다. 극심한 경쟁을 뚫고 이른바 '성공'의 궤도에 진입한 아이들조차 행복을 찾지 못한다는 사실은, 입시 성공만을 지상 과제로 삼는 현재 교육 시스템의 한계를 여실히 증명한다.

그렇다면 이 비극적인 결말이 늘어나는 근본적인 이유는 무엇인가. 학술 연구들은 청소년의 자살 문제가 흔들리는 자아 정체감과 밀접하게 연관되어 있음을 지적한다. 2011년 「정신간호학회지」에 게재된 연구에 따르면, 청소년의 자살 사고를 유발하는 핵심 요인은 자아 정체성의 혼란이다. 이러한 혼란은 미래에 대한 불확실성을 가중시켜 심리적 불안과 우울을 심화시키며, 결국 자살이라는 극단적인 선택을 부르는 기제로 작용한다.

또한 자아 정체감이 낮을수록 우울감이 깊어지고, 이것이 인지적 와해를 유발하여 자살 위험을 높인다는 구체적인 경로도 이미 확인된 바 있다. 연구들이 시사하는 바는 명확하다. 아이들의 정신 건강 문제는 '나를 찾을 기회'를 박탈당한 데서 비롯되며, 입시만을 향해 질주하는 교육 현실이 자아 정체감 확립이라는 발달 과제를 가로막고 있다는 사실이다.

청소년의 흔들리는 정체감에 대한 해답은 의외로 가까운 곳에 있다. 거대한 사교육 시장에 매몰되지 않아도, 명문대에 입학하지 않아도 자신의 재능을 발견하고 스스로 설 수 있다는 믿음을 주는 것이다. 자아 정체감이 단단한 아이는 외부의 압력에 휘둘리지 않고 '나만의 길'을 선택할 수 있다. 하지만 이 당연해 보이는 선택 앞에서 대한민국의 아이들은 왜 단 한 번 망설일 기회조차 얻지 못하는가. 오늘도 아이들은 수업을 마치자마자 쉴 틈 없이 학원을 향해 뛰어가기 바쁘다. 삶을 숨 막히게 통제하고 스스로 멈출 기회조차 주지 않는 사회적 관성 속에서, 우리는 모두 그저 앞만 보고 달려갈 뿐이다.

입시 정책이 석화(石化)된 것처럼 견고할지라도 아이들의 비극을 멈출 방법은 분명히 존재한다. 자아 정체감 연구들이 밝힌 것처럼 자살 사고의 근본 원인은 자신을 찾을 기회를 잃어버린 데 있다. 그리고 역설적이게도 그 기회를 박탈하는 가장 가까운 존재는 '아이를 위한다'라는 명분 아래 자녀의 삶을 강압적으로 설계하는 부모일 수 있다. 부모의 지시에만 순응해야 하는 환경은 아이에게서 자율성을 앗아가고, 자신의 감정과 생각을 탐색할 기회를 근본적으로 차단한다. 그 결과 아이들은 정체성을 확립하지 못한 채 방황하며 우울과 인지적 와해에 빠지게 된다.

자녀의 성장에서 나타나는 여러 난제의 원인이 자아 정체감의 상실이고 그 기저에 부모의 통제와 불안이 있다면 해법은 명확하다. 부모가 흔들리지 않으면 된다. 경쟁의 파도가 거센 시대일지라도 부모가 먼저 주체성을 확립하고 중심을 잡는다면 새로운 희망을 발견할 수 있다. 이제 우리는 자녀에게 "스스로 하라."라며 책임을 전가하는 대신, 부모가 먼저 변화하여 통제가 아닌 방향을 제시하는 안내자가 되어야 한다. '에듀맨십-부모'는 부모 스스로 주체성을 세우고, 학생의 자아 정체감을 지켜주는 흔들리지 않는 등대가 되는 구체적인 방법을 제시할 것이다.

불안이 만든 과도한 통제

드라마 〈서울 자가에 대기업 다니는 김 부장 이야기〉는 한국의 수많은 직장인에게 깊은 공감과 동시에 일종의 트라우마를 남겼다. 생존을 위해 고군분투하는 김 부장의 모습이 현재 우리 부모들이 처한 현실에 투영되기 때문이다. 승진을 위해서라면 술 상무 역할조차 마다하지 않아야 하는 냉혹한 현실. 그러나 정작 아들은 그런 아버지의 헌신적인 모습을 보며 존경심 대신 미움과 거리감을 느낀다.

어느 날 식사 자리에서 아버지는 아들에게 인생의 가르침을 건넨다. "좋은 대학 나와서 대기업에 취직하는 게 가장 평범하면서도 성공하는 길이야. 그 평범함에 도달하는 게 가장 어려운 법이니, 너도 아빠처럼만 살아라." 이 말에 아들은 자신의 삶에 대한 방향과 계획을 당당히 밝히지만, 아버지의 눈에는 그저 철없는 소리로만 비칠 뿐이다. 결국 아들의 억눌린 감정은 폭발한다. "지금까지 아빠가 가라는 학교와 학원, 대학교까지 나왔으면 됐잖아요! 제 앞길은 이제 제가 선택하게 해주시면 안 되나요?" 아들은 억울했다. 하라는 공부와 정해준 경로를 묵묵히 따라왔음에도, 미래의 계획마저 부모의 설계대로 확정 지으려는 시도가 그를 분노하게 했다.

부모들은 왜 자녀의 인생을 비단길로 닦아주고 싶어 하며, 특정 경로만이 정답인 양 강요하는 것일까. 이는 단순한 사랑을 넘어, 한국 사회의 압축 성장을 몸소 겪어온 부모 세대의 결핍과 불안이 투영된 결과다. 부모들은 자신이 경험한 고통과 실패, 불안정한 사회 구조를 기억한다. 따라서 자녀에게 고생하지 않는 길을 열어주려는 마음 이면에는, 내 아이만큼은 절대 실패해서는 안 된다는 강렬한 두려움이 자리 잡고 있다.

이러한 불안은 자녀의 삶에 대한 통제로 발현된다. 부모의 불안이 사랑이라는 이름으로 포장되어 집착으로 변질될 때, 자녀는 자신의 정체성을 탐구하기보다 부모의 불안을 대리 해소하며 사회적 성공이라는 미션을 완수해야 하는 존재가 되어버린다. 나아가 자녀의 성공은 부모의 사회적 지위와 자기 효능감을 증명하는 척도가 되었다. 명문대 합격증은 단순히 아이의 성취를 넘어, 지난 수십 년간 부모가 쏟아부은 희생이 헛되지 않았음을 입증하는 성적표 역할을 수행한다. 부모는 자녀의 삶을 통제함으로써 스스로 유능한 부모라는 확신을 얻고, 자신의 미래에 대한 불안을 해소하려 한다.

결국 아이가 자신을 찾아가야 할 가장 중요한 시기에, 부모는 아이를 자신의 불안을 잠재우기 위한 정서적 보완재로 삼는다. 이것이 바로 아이들의 자아 정체감을 무너뜨리는 가장 가깝고도 위압적인 압력이다. 청소년들이 겪는 정체성의 혼란이 자살이라는 극단적 결과로 연결되는 이 비극적인 경로를 우리는 이제 명확히 간파해야 한다.

경쟁의 파도가 거센 시대일지라도 부모가 먼저 주체성을 확립하고 중심을 잡는다면 새로운 희망을 발견할 수 있다. 이제 우리는 자녀에게 시키는 대로 하라고 강요할 것이 아니라, 부모가 먼저 변화하여 삶의 올바른 방향을 제시하는 안내자가 되어야 한다.

이제부터 너무나도 위대한 지금의 부모들 이야기를 시작해보겠다. 부모 편의 핵심은 부모가 인생의 아름다움을 알고, 그 아름다움으로 자녀를 인도하면서 부모 자신도 그 아름다운 곳으로 함께 걸어가는 안내자의 역할이자 '작은 교사'가 되는 것이다. 우리는 아이의 삶을 온전하게 세우기 위해 부모가 먼저 지정의(知情意)의 균형을 되찾는 여정을 시작하고자 한다.

흔들리지 않는 작은 교사의 힘 '지·정·의'

1. 분별력을 쌓는 지혜, 지(知)

부모가 '헌신'이라는 미명 아래 실종된 자신을 찾고, 삶의 방향을 명확히 읽어내는 통찰력 있는 관찰자가 되어야 한다. 분별력 없는 헌신은 자녀와의 경계를 무너뜨리고 윤리적 기준마저 상실하게 만들기에, 부모는 먼저 '나를 부르는 시간'을 통해 잊고 있던 자신의 꿈과 재능을 마주해야 한다. 덮어두었던 부모의 재능이 비전으로 살아날 때, 자녀는 부모의 뒷모습을 보며 스스로 배움의 가치를 깨닫는다. 부모가 일상의 학습을 통해 삶의 지혜를 몸소 실천하는 작은 교사가 될 때, 가정도 비로소 건강한 배움의 터전으로 회복된다. 이는 단순히 정보를 전달하는 역할을 넘어, 자신의 삶을 통해 자녀에게 올바른 이정표를 제시하는 지적 탐구의 과정이다.

2. 단단한 안전기지, 정(情)

부모는 자녀를 불안하게 만드는 외부의 소음인 '튀폰의 눈'을 감고, 오직 자녀의 존재 자체에만 몰입하는 싱글 포커싱을 통해 흔들리지 않는 안전기지가 되어줘야 한다. 타인의 시선이나 세상의 속도에 휘둘리지 않고 자녀 고유의 결을 발견하는 감각의 미학을 발휘하며, 가정 안에서 깊은 정서적 공명을 나누어야 한다. 이러한 정서적 몰입은 자녀에게 어떤 상황에서도 돌아갈 곳이 있다는 확신을 주는 단단한 힘이 된다. 무분별한 허용이 아니라, 자신과 자녀를 모두 보호하는 건강한 경계를 세움으로써, 자녀가 그 울타리 안에서 정서적 안정을 얻고 다시 세상으로 나아갈 용기를 얻는다. 부모가 단단한 안전기지로 존재할 때, 자녀와의 관계는 일방적인 희생을 넘어 서로의 성장을 응원하고 기쁨을 주고받는 호혜적 관계로 나아간다.

3. 원칙을 지키는 힘, 의(意)

부모는 삶의 본보기가 되는 '작은 교사'로서, 직접 실천함으로써 말의 권위를 세울 수 있어야 한다. 단순히 지시하고 훈육하는 차원을 넘어 부모 스스로가 삶의 원칙을 지키는 뒷모습을 보일 때, 자녀는 그 의지를 신뢰하며 뒤따른다. 이는 자녀의 문제를 대신 해결해 주는 조급함이 아니라, 스스로 길을 찾을 수 있도록 힘을 보태는 따뜻한 개입의 과정이다. 특히 자녀가 실패 앞에 좌절할 때 부모가 먼저 의연하게 대처하며, 다시 일어서는 안내자의 단단한 뒷모습을 증명해야 한다. 무관심한 방관이 아니라 자녀의 삶이 올바른 궤도에 안착할 때까지 굳건하게 자리를 지키는 실천적 동행이 필요하다. 부모의 이러한 일관된 의지와 행동은 자녀가 독립적인 주체로 나아갈 수 있게 돕는 가장 강력한 교육적 자양분이 된다.

김동훈의 『리더의 언어사전』은 플라톤의 아름다움을 설명한다. 플라톤은 아름다움을 '진상(眞相)'이라 했다, 이는 '거짓이 아닌 참'을 의미한다. 따라서 부모는 인생에서 무엇이 거짓이고 무엇이 참인지를 스스로 분별할 줄 알아야 한다. 결국 부모가 인생의 아름다움으로 향하는 과정은 '거짓에 속지 않고 참된 본질을 마주하는 것'이다. 만약 부모가 이러한 아름다움의 실체를 제대로 모르고 산다면, 자녀를 참된 삶의 방향으로 안내하기 어렵다.

가정은 자녀에게 '최초의 학교'이며, 부모는 그 안에서 자녀의 영혼을 빚어내는 가장 위대한 '작은 교사'이다. 부모가 인생의 찬연한 아름다움을 발견하고 일상에서 그것을 충분히 누릴 때, 자녀 또한 부모의 삶을 교과서 삼아 그 길을 따라 걷게 된다. 따라서 누군가를 억지로 가르치려 들기보다, 부모 스스로 주체성을 회복하고 삶의 아름다움을 향해 먼저 나아가는 모습이 중요하다. 그러한 실천 자체가 교육의 가장 정직한 출발점이자 완성이다.

또한 작은 교사인 부모의 영향력은 '지시하는 말'이 아니라 '실천하는 뒷모습'에서 나온다. 부모가 불안과 통제의 굴레에서 벗어나 스스로의 삶을 가꾸는 행복한 안내자가 될 때, 자녀는 비로소 강요 없이도 삶의 가치를 스스로 깨우친다. 부모가 먼저 인생의 풍요로움을 만끽하며 삶의 주인이 되는 과정은 자녀에게 줄 수 있는 세상에서 가장 귀한 수업이다. 이제 자녀의 삶을 온전하게 세우기 위해, 작은 교사인 부모가 스스로 삶의 방향을 명확히 읽어내는 '지(知)의 에듀맨십'부터 본격적으로 살펴보겠다.

1장

지(知) 멈춰버린 잠재성의 소환, 다시 배움 앞에 선 부모

헌신이라는 무게에 눌려 사라진 부모의 정체성

"우리 드디어 결혼합니다.", "소중한 자녀가 태어났습니다." 부부가 되고 자녀를 낳아 가정을 꾸리며 하루하루 행복을 느끼는 삶. 우리는 이 평범한 문장들을 상상이 아닌 현실로 일구며 살아간다. 나의 분신과 같은 자녀를 위해 오늘도 마음속 굳건한 의지를 다진다. 육아에 지쳐 신체적으로 한계에 다다를지라도, 아이의 해맑은 미소와 품 안에 포옥 안기는 온기에서 부모는 도리어 위로와 안정감을 얻는다. 부모와 자녀 사이의 사랑은 그 무엇과도 비교할 수 없으며, 이 빈틈 없는 사랑이 서로를 지켜주는 힘이 된다.

하지만 이 사랑이 너무 크다 보니 아이들이 곧 내가 되는 위험한 전이가 일어난다. 자신의 건강은 뒤로한 채 아이들의 건강을 최우선으로 여기며, 아이가 유아기와 초등학교를 거쳐 중학교에 진입할 무렵부터 불안은 본격화된다. 뉴스나 주변 평판에 따라 교육관과 가치관은 수시로 흔들리고, 성인이 된 이후에도 과연 이 아이가 잘살아갈 수 있을지에 대한 걱정이 앞선다. 그저 번듯한 대학과 직장을 거쳐 평범하고 안정된 삶을 살기를 바랄 뿐이다. 그 목적을 위해서라면 가계 지출의 절반 이상을 사교육에 쏟아붓는 것도 아깝지 않다. 외식 한 번, 옷 사는 것을 참고, 커피 한 잔을 더 아끼면 된다고 생각하는 것이 한국 부모의 마음이다. 온 신경을 자녀 양육에 몰입하다 보니, 어느새 엄마와 아빠라는 역할 뒤에 숨겨진 자신의 이름은 잊은 지 오래다. 자식 농사만 잘 지으면 내 인생도 성공한 것이나 다름없다는 신념으로 하루를 견딘다.

어느덧 성인이 된 자녀는 독립을 선언한다. 부모는 서운함을 뒤로하고 독립을 돕지만, 늘 곁에 두었던 애착 대상이 사라진 순간 세상에 홀로 남겨졌다는 극심한 심리적 불안을 겪기 시작한다. 바로 '빈둥지 증후군'이다.

통계청과 국민건강보험공단의 데이터를 분석한 결과, 빈둥지 증후군 가구는 지난 10년간 꾸준히 증가했다. 특히 중년 여성과 은퇴 남성에게서 이러한 취약성이 두드러진다. 이를 방치할 경우 우울증, 불안장애, 불면증을 넘어 부부 관계 악화와 고독사 같은 심각한 사회적 비용을 초래할 수 있음을 간과해서는 안 된다.

더욱 상황을 복잡하게 만드는 것은 리터루족(Returoo) 현상이다. 최근 청년들의 취업난과 경제적 여건 미비로 독립 시기가 늦춰지거나, 독립했던 성인 자녀가 다시 부모의 집으로 돌아오고 있다. 이는 단순한 경제적 지원의 문제를 넘어선다. 사회 진출 과정에서 겪는 좌절은 청년들을 가장 안전한 공간인 가정으로 회귀하게 만들며, 이는 앞서 언급한 자아정체성 혼란과 미래에 대한 불확실성을 고착화한다.

2022년 '청년 삶 실태조사'에 따르면, 부모와 동거하는 청년은 57.7%에 달하며 이들 중 67.7%는 경제적 어려움으로 독립 계획이 없다고 답했다. 이러한 독립 지연은 전통적인 빈둥지 증후군과는 또 다른 형태의 복합적인 스트레스를 유발한다. 특히 '쉬었음' 상태인 고학력자 비중이 2023년 역대 최고치를 경신하며 5년간 53.4조 원의 경제적 손실을 초래했다는 분석은(사이언스 투데이), 인적 자원의 유휴화가 국가 경제의 근간을 흔들고 있음을 보여주는 결정적인 지표다.

빈둥지 증후군은 특히 가정 관리와 양육을 전담했던 전업

주부에게서 더 두드러지게 나타난다. 유독 한국 여성에게서 이 증상이 심화되는 이유는 한국 사회 특유의 문화적 맥락에서 기인한다. 자녀 양육이 여성의 주된 정체성이자 사회적 평가의 잣대가 되는 자녀 중심 문화, 그리고 독립 후 대체할 사회적 역할의 부재가 여성의 상실감을 심화시키는 것이다.

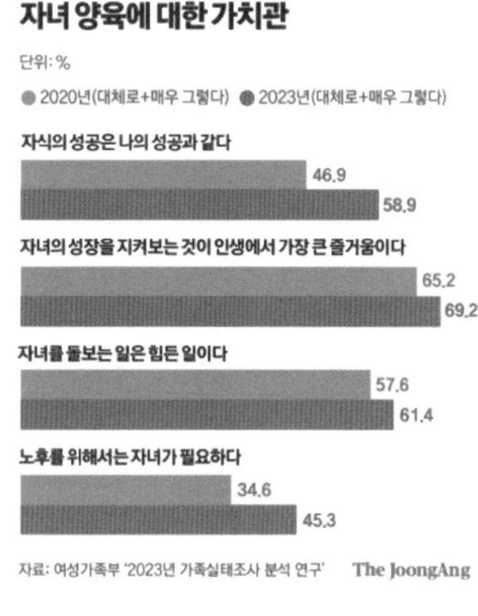

<표 1>

〈표 1〉에 나타난 2023년 여성가족부 통계에 따르면 '자식의 성공은 나의 성공과 같다.'라는 문항에 응답자의 58.9%가

긍정했다. 특히 자녀의 성장을 지켜보는 것이 인생에서 가장 큰 즐거움이라는 응답은 69.2%에 달했다. 또한 노후를 위해 자녀가 필요하다는 응답 역시 45.3%로 나타났다. 주목할 점은 이처럼 자녀를 삶의 절대적 가치이자 즐거움으로 두는 상황 속에서도, 과반인 61.4%가 자녀를 돌보는 일은 힘든 노동임을 체감하고 있다는 사실이다.

이러한 통계 결과는 한국 부모들이 처한 역설적인 현실을 여실히 보여준다. 자녀를 통해 삶의 의미를 찾으려 애쓰지만, 그 과정에서 정작 부모 자신의 에너지는 고갈되고 있는 것이다. 이 맥락에서 흔히 말하는 자식 농사에 성공했다는 칭찬은 우리에게 묵직한 숙제를 안겨준다. 농작물이 풍성하게 자라면 수확의 기쁨과 풍요가 뒤따르는 것이 자연스러운 이치다. 하지만 자녀를 농작물처럼 공들여 키워낸 결과가 과연 부모 자신의 삶에 '진정한 풍요를 보장하는가?'라는 질문 앞에 서면 상황은 달라진다.

자녀의 성공이 부모에게 더할 나위 없는 기쁨임은 분명하다. 그러나 인생 전체를 오직 자녀만을 위해 바치기로 결정한 적은 없었다는 뒤늦은 회의감은, 자녀가 독립한 이후 부모의 마음속에 안도감 대신 주체할 수 없는 불안을 가중시킨다. 지난 20년간 자녀의 성공을 위해 헌신했던 부모는 아이가 떠난 뒤 영혼이 텅 빈 듯한 허전함에 직면한다. 자신의 모든 것을 내려놓고 육아에만 매진해왔으나, 정작 그 이후의 삶을 채울 구체적인 계획은 마련하지 못했기 때문이다.

이러한 막막함은 자녀가 성인이 된 후에도 간섭을 멈추지 못하는 캥거루맘이나 헬리콥터맘으로의 변모를 부추긴다. 아파서 결근하는 자녀를 대신해 직장에 전화를 걸어 사유를 설명하는 부모의 모습이 더 이상 낯선 풍경이 아닌 이유가 여기에 있다. 우리는 이러한 현상을 두고 부모, 특히 여성만을 향해 비난의 화살을 돌려서는 안 된다. 이는 여성의 희생을 당연시하며 묵인하는 행위이자, 사회 구조가 강요하는 자식 농사 성적표의 실체를 외면하는 일이기 때문이다.

결국 빈둥지 증후군은 단순히 자녀의 부재에서 오는 외로움의 문제가 아니다. 자신을 희생하여 완성한 한국적 역할 모델을 수행한 뒤, 정작 자신의 삶을 채울 개인적 목표를 잃어버림으로써 발생하는 존재론적 슬픔이다. 자녀의 성공 유·무가 부모 인생의 성적표가 되는 현실은 헌신적 사랑이 낳은 한국 가정의 가장 아픈 그림자이자, 정체성의 공백을 마주한 사회 구조적 결과물이다.

부모의 욕망에 의한 맹목적 사랑의 결과

최근 미국의 연구 결과들은 헬리콥터 부모의 양육 방식이 자녀에게 심각한 악영향을 미친다는 점을 명확히 증명한다. 부모의 과도한 개입은 학생의 독립적인 성장을 가로막는 결정적인 방해 요인으로 작용한다.

미국 매체 〈맘스커리어〉는 헬리콥터 부모 밑에서 자란 자녀들이 상대적으로 자기 절제력이 부족하다는 연구 결과를 보도했다. 부모가 모든 위험과 난관을 대신 제거해 주기 때문에, 학생들은 스스로 문제를 해결하고 감정을 통제하는 훈련 기회를 박탈당하는 것이다. 나아가 부모의 과도한 통제는 극심한 스트레스를 유발하고 신체 활동을 저하시켜, 학생들의 신체적 발육 부진에까지 영향을 미칠 수 있음을 시사한다.

부모의 과잉보호가 미치는 부정적 영향은 자녀가 성인이 된 후 더욱 극명하게 드러난다. 이들은 직장 생활이나 대인관계에서 심각한 부적응 문제를 겪는 경우가 많으며, 사소한 갈등 앞에서도 쉽게 무너진다. 또한 문제 해결의 책임을 자신이 아닌 외부의 탓으로 돌리는 경향을 보인다. 이는 성인으로서 갖추어야 할 감정 조절 능력과 책임감이 결여된 결과다.

이러한 미성숙함은 가장 친밀한 관계인 결혼 생활에까지 번져, 독립적인 결정 능력 부족으로 인한 갈등과 높은 이혼율로 이어진다. 결국 부모의 과도한 개입은 자녀의 전 생애에 걸쳐 독립적인 삶을 방해하는 치명적인 요인이 된다.

이처럼 과잉보호는 자녀의 자생력을 파괴하는 데서 그치지 않는다. 부모가 자녀의 성취를 자신의 성공 지표로 여기는 과정은, 때로 법과 윤리의 경계마저 허물어뜨리는 위험한 선택으로 이어진다. 자녀를 독립된 인격체가 아닌 자신의 목표 달성을 위한 수단으로 바라볼 때, 부모의 분별력은 급격히 마비되기 때문이다. 그 비극적인 실태를 보여주는 사례가 바로 2025년 7월 안동의 한 고교에서 발생한 시험지 유출 파문이다. 학생의 어머니와 전 담임교사, 그리고 행정실장이라는 세 명의 성인이 합세하여 시험지를 탈취해 전달한 이 사건은 대한민국 교육계에 큰 충격을 안겨주었다.

이 사건은 교육 현장의 근간인 공정성이 부모의 그릇된 욕망에 의해 얼마나 쉽게 무너질 수 있는지를 확인시켰다. 성적 지상주의가 지배하는 사회 분위기 속에서, 어떤 부모들은 목표 달성을 위해서라면 비윤리적 행위조차 정당화될 수 있다는 마비된 도덕관념을 여실히 보여준다. 헬리콥터 부모의 과잉 개입부터 시험지 유출과 같은 범죄 행위에 이르기까지, 이 모든 현상은 한국 사회가 본질적인 교육 가치와 윤리를 상실하고 병들어 가고 있음을 시사한다.

결국 결과만을 중시하는 사회 구조 속에서 부모가 주체적인 깨달음을 통해 분별력을 갖추지 못한다면, 그 그릇된 판단은 자녀의 인생 전체를 망치는 비극을 초래한다. 부모의 분별력 부재는 사랑이라는 이름으로 포장된 가장 위험한 폭력이 될 수 있음을 직시해야 한다.

부모라는 역할에 가려진 '꿈'

"난 꿈이 있어요. 그 꿈을 믿어요." 꿈을 가슴에 품었으나 끝내 현실의 벽 앞에 접어둘 수밖에 없던 이들에게 인순이의 노래 〈거위의 꿈〉은 늘 마음을 울리는 찬가가 된다. 이 노래는 내 마음속에 깊이 간직한 꿈이 있다고 고백하면서도, 그것을 헛된 꿈이라 비웃는 냉혹한 현실을 동시에 조명한다. 노래 속 거위는 현실에 갇혀 비상할 능력을 애써 덮어두었던 우리의 과거, 즉 소환자가 되기 전 부모들의 모습과 닮아있다. 여기서 소환자란 과거에 묻어둔 꿈을 지금, 이 순간의 현실로 기꺼이 불러내어, 다시 능동적으로 이루어나가려는 의지를 지닌 사람을 의미한다.

자녀를 양육하며 우리는 자녀의 성공을 위해 자신의 꿈과 목표를 잠시 덮어두거나 완전히 포기해 왔다. 그 결과 자녀가 독립한 후 '이제 나는 무엇으로 살아야 하는가?'라는 질문 앞에서 길을 잃고 불안이라는 감옥에 갇히게 된다. 이 불안은 이유를 알 수 없는 막막함이며, 부모 자신의 정체성 부재에서 비롯된다. 심리학적으로 인간을 위협하는 대표적인 증상인 경악, 공포, 그리고 불안은 우리를 고통스럽게 만든다.

첫째, 경악은 예상치 못한 충격에서 오는 증상이다. 갑작스러운 사고를 목격했을 때처럼, 아무런 대비 없이 맞닥뜨린 충격에 정신이 마비되는 상태다. 둘째는 공포다. 공포는 두려움의 대상이 명확하기에 대비가 가능하다. 높은 곳을 무서워하거나 특정 동물을 피하는 것처럼 원인이 분명하므로, 대상을 피하거나 방어함으로써 다스릴 수 있다. 하지만 가장 까다로운 것은 세 번째, 바로 불안이다.

불안의 가장 큰 특징은 이유를 알 수 없다는 점이다. 딱히 큰일이 있는 것도 아닌데 초조하고 가슴이 답답하다. 스스로 답을 찾으려 해도 막막함만 더해지는 것이 바로 불안의 정체다. 빈둥지 증후군의 핵심도 바로 이 불안에 있다. 빈둥지 증후군은 자녀가 떠난 빈자리에서 삶의 목적을 찾지 못해 길을 잃는 과정을 겪은 부모가, 불안을 느끼게 되는 현상이다. 부모의 불안은 놀랍게도 자녀에게 그대로 전이된다. 자녀는 부모가 내뿜는 불안이라는 미세한 진동을 온몸으로 받아들이며, 자신의 삶이 안전하지 않다는 무의식적인 메시지를 습득하게 된다.

결국 청소년들이 겪는 자아 정체감의 혼란과 극단적인 선택의 위험을 멈추기 위해서는, 그 불안의 진원지인 부모의 불안부터 제거해야 한다. 그리고 그 해법은 우리를 괴롭혔던 질문 속에 숨어 있다. '이제 나는 무엇으로 살아야 하는가?' 이 질문에 답하기 위해 부모들은 자녀가 아닌 자신의 삶으로 시선을 돌려야 한다. 부모가 자신의 정체성, 즉 고유한 재능과 비전을 발견하고 이를 주체적으로 실현할 때 비로소 불안이라는 감옥에서 해방될 수 있다. 부모가 자신의 인생을 충실히 채우고 있다면, 더 이상 자녀의 삶을 자신의 실패를 만회하거나 불안을 해소할 도구로 삼을 필요가 없어진다. 부모가 흔들리지 않고 자기 삶의 주인이 될 때, 그 안정감은 곧 자녀의 주체성을 지지하는 단단한 기반이 된다.

앞서 우리의 부모들이 거위의 꿈을 접어두고 자녀의 성공만을 위해 살아왔다고 진단했다. 이제 부모가 자신의 불안을 제거하고 진정한 안내자가 되기 위한 여정의 첫걸음은, 깊은 곳에 묻어두었던 그 거위의 꿈을 다시 소환하는 것이다. 덮어두었던 잠재성을 찾아가는 것이 소환자의 모습이며, 부모가 자신의 꿈을 다시 찾아 인생 성장표를 써 내려가는 것이 곧 능동적 배움의 시작이다. 막연한 공상이 아니라 소환된 꿈은 부모 자신의 삶에 온전히 몰입하게 하는 원동력이 된다.

묻어둔 재능을 꺼내 비전을 깨우자

자, 이제 덮어두었던 부모 자신의 거위의 꿈을 소환하기 위한 첫 번째 실천 단계다. 막연했던 비전을 구체화하기 위해 자신의 내면 깊은 곳을 탐색해 보자. 어릴 적 꿈, 학창 시절 좋아했지만 포기했던 일, 자녀 양육 전 즐겨 했던 취미 목록이 있다면 빈 종이나 스마트폰, 혹은 마인드맵을 활용하여 작성해 보자.

그런 후 그 재능을 통해 얻었던 결실을 떠올려야 한다. 그것은 물질적인 보상일 수도 있고, 순수한 감정적 기쁨일 수도 있다. 거창하지 않아도 좋으니 하루 단 15분 만이라도 투자하여 적어보자. 이 15분은 자녀를 위한 고민이 아닌, 오직나 자신을 위한 시간을 확보하는 부모 주체성 회복의 시작이다. 당신이 적어 내려간 그 한 가지가 바로 자신의 재능과 연결되는 결정적인 실마리가 된다.

부모가 가진 잠재된 재능은 다음과 같은 모습으로 숨어 있을 수 있다.

- 표현과 예술: 웅변대회 우수상 경험, 조각상을 만들던 손재주, 글쓰기를 즐겼던 기억
- 기술과 감각: 기계 분해에 대한 흥미, 타인의 옷을 골라주던 미적 감각, 가구 제작 및 수리 경험
- 관리와 정성: 가계부 기록의 정확성, 새로운 레시피를 탐구하던 요리 열정, 탁월한 공간 배치 능력
- 이타심: 타인을 돕는 과정에서 느꼈던 근본적인 뿌듯함

재능은 반드시 거창할 필요가 없다. 재능은 남들보다 쉽게 해냈거나 시간 가는 줄 모르고 몰입했던 모든 평범한 경험 속에 숨어 있음을 이해하는 것이 탐색의 핵심이다.

발굴한 재능은 곧 당신의 비전으로 연결될 수 있다. 타인

과 교류하며 동기를 부여하는 데 재능이 있다면 직업상담
사나 사회복지사 과정을 통해 전문성을 갖출 수 있다. 분석
적 사고와 재무 관리에 능하다면 재무 설계사(FP), 회계 사무
원, 개인 재정 코치 등의 직업을 고려해 볼 법하다. 이 외에
도 푸드 스타일리스트, 인테리어 디자이너, 정리수납 전문가
등 재능을 활용할 수 있는 경로는 무궁무진하다. 고용24나
HRD-Net 등을 활용해 정보를 탐색한다면, 새로운 직업으
로 연결될 가능성은 충분히 열려 있다.

다만 이 과정에서 명심해야 할 점은, 이 노력이 단순히 경
제적 수단에 함몰되어서는 안 된다는 것이다. 자신의 역량과
비전을 연결하는 것 자체가 목표여야 한다. 그때 비로소 타
인의 시선이나 경제적 불안에서 완전히 벗어날 수 있다. 진
정한 만족감이 삶에 깃들 때 형성되는 흔들림 없는 주체성은
자녀에게 가장 든든한 등대가 되어줄 것이다.

이처럼 부모가 자신의 역량과 비전을 연결하는 일은 단순
히 경제적 수단을 넘어, 삶의 주도권을 되찾는 숭고한 과정
이다. 진정한 만족감이 삶에 깃들 때 형성되는 흔들림 없는
주체성은 자녀에게 그 어떤 웅변보다 강력한 메시지를 전달
한다. 실제로 부모가 자녀에게 쏟던 시선을 거두어 자신의

삶을 가꾸기 시작할 때, 가정에는 놀라운 변화가 일어난다.

고3 수험생 자녀를 둔 한 엄마의 사례가 이를 증명한다. 그녀는 늘 불안에 시달리며 딸의 작은 행동에도 화를 냈고, 밤늦게까지 방문 앞을 서성거리며 아이를 감시했다. 살얼음판 같은 집안 분위기 속에서 딸은 숨이 막힌다며 고통을 호소했다. 극심한 갈등 끝에 엄마는 지친 자신을 발견하고 결심했다. "나도 내 인생을 찾자."

그녀는 평소 배우고 싶었던 피아노 학원에 등록했다. 저녁마다 아이의 방문을 노려보는 대신, 헤드폰을 끼고 전자 피아노 연습에 몰두했다. 서툰 곡을 반복해서 연습하고 마침내 완곡했을 때 느낀 순수한 기쁨은 그녀의 표정과 말투를 변화시켰다. 엄마가 무언가에 열정적으로 몰입하며 행복해하는 모습을 보이자, 딸 또한 변하기 시작했다. 잔소리가 사라진 집안에 평화가 찾아오자 딸은 스스로 책상에 앉았다. 엄마가 저토록 열심히 자신의 삶을 일구는데, 나 또한 내 할 일을 해야겠다는 자발적인 동기가 부여된 것이다.

이 과정을 통해 엄마는 소중한 진리를 깨달았다. 백 마디 말보다 부모가 자신의 삶을 주체적으로 사는 모습 자체가 자녀에게는 가장 강력한 교육이자 불안을 잠재우는 묘약이라는 사실이다. 이제 자녀의 성적표만 들여다보며 함께 불안의 늪에 빠지지 말아야 한다. 대신 부모 자신의 '삶을 위한 성장 기록'을 써 내려가길 권한다. 부모가 자신의 삶을 사랑하고 당당하게 살아갈 때, 그 뒷모습을 보고 자란 자녀는 세상 그 어떤 거친 풍랑 속에서도 절대 길을 잃지 않는다.

내 아이의 첫 번째 스승, 부모

부모가 자신의 꿈과 비전을 찾아 일상의 학습자로 살아간 다면, 아이에게는 자연스럽게 올바른 판단력과 분별력이 뒤따른다. 일상의 학습자는 배움을 결코 게을리하지 않기 때문이다. 이들은 자신의 비전을 강화하고자 전문 서적을 탐독하고, 삶의 깊이를 더하기 위해 문학과 예술을 탐구한다. 또한 급변하는 시대의 흐름을 놓치지 않으려 신문과 뉴스를 세심하게 살핀다.

지금처럼 사회가 격변하고 정보가 범람하는 시기에, 세상의 불안한 속삭임에 휘둘리지 않고 학습을 이어가는 부모는 자녀에게 흔들리지 않는 삶의 이정표를 보여준다. 부모가 배움의 주체가 되어 세상을 읽어낼 때, 비로소 자녀의 좁은 시야를 넓혀주는 '작은 교사'로서의 권위가 세워진다. 이러한 학습하는 부모의 뒷모습이야말로 자녀에게 공부의 진정한 의미를 일깨우는 가장 강력하고도 울림 있는 교육이 된다.

분별력이 생긴 부모는 자녀에게 올바른 인식을 심어주고, 이내 스스로 '작은 교사'가 된다. 아이들은 부모의 거울이라는 말처럼, 자녀의 가장 가까이에서 부모의 말과 행동, 그리고 정신은 자녀를 본받게 하며 성장시킨다. 이러한 부모의 모습은 자녀에게 지대한 영향력을 미치고, 궁극적으로 삶을 대하는 태도로 자리 잡는다. 교육이 학교에서만 이루어진다고 생각해서는 안 된다. 삶의 첫선에서 가장 밀접하게 가르침을 주는 존재가 바로 부모이기 때문이다.

부모의 가치관은 자녀에게 고스란히 투영된다. 경제 관념, 관계를 맺는 방식, 삶의 우선순위 등이 모두 전달된다. 돈이 인생의 유일한 목적이라 믿는 부모는, 자녀를 오직 부를 축적하는 삶에 매몰되기 쉽게 만든다. 반대로 부모가 늘 책을 가까이하며 생명의 귀함을 가르치고 가치 있는 삶을 몸소 실천한다면, 자녀는 그 교육을 평생의 나침반으로 삼는다. 교사가 자신의 언행이 미칠 파장을 고려해 책임감 있게 행동하듯, 부모 역시 자신이 자녀의 작은 교사라는 엄중한 자각을 지녀야 한다. 이를 위해 부모는 자신의 잠재성을 깨우는 '소환자'이자 끊임없이 배우는 '학습자'로서 분별력을 갖추어야 한다.

부모가 능동적인 배움을 통해 얻는 인생의 통찰을 우리는 '깨달음'이라 부른다. 이 깨달음은 단순한 지식의 습득을 넘어, 자녀에게 삶의 본질적인 가치와 지혜를 전수하는 '작은 교사'로서의 내면적 토대가 된다. 분별력을 갖춘 작은 교사로 거듭나기 위해 부모가 집중해야 할 학습의 방향은 명확하다. 바로 자신의 비전을 강화하고, 현상 너머를 꿰뚫어 보는 능동적 학습이다. 이러한 배움은 거창한 학위 과정이나 특정 교재가 필요한 것이 아니다. 오히려 일상의 사소한 호기심을 집요하게 따라가는 과정에서 시작된다.

삶의 모든 순간을 배움의 기회로 전환하며, 자녀와 함께 성장하는 부모의 구체적인 실천 방안은 다음과 같다.

- 꼬리에 꼬리를 무는 탐색: 뉴스에서 AI 윤리나 기후 금융 같은 생소한 단어를 접하면 단순히 읽고 넘기지 않는다. 단어의 배경과 역사, 사회적 파장을 주체적으로 탐색하며 시대의 흐름을 읽는 힘을 기른다.

- 다큐멘터리 시청과 가족 토론: 특정 주제의 영상물이나 강연을 시청한 후 가족과 의견을 나눈다. 이는 정보를 수동적으로 수용하는 단계를 넘어, 타인의 관점을 이해하고 자신의 논리를 정교화하는 분별력 강화 훈련이다.

- 인문학적 통찰의 공유: 문학과 역사를 공부하며 발견한 인간의 본질과 가치를 자녀와 공유한다. 이는 눈앞의 현상을 넘어 시간을 관통하는 윤리적 판단력과 삶의 깊이를 전수하는 과정이다.

- 오늘의 배움 나누기: 부모가 그날 새롭게 알게 된 지식이나 깨달음을 식사 자리에서 간결하게 이야기한다. 부모가 지속적인 학습자임을 보여줌으로써 배움이 삶과 분리되지 않는다는 인식을 자연스럽게 심어준다.

- 자녀의 질문을 배움의 기회로: "물과 불이 싸우면 누가 이겨요?"와 같은 질문에 모른다며 지적 탐색을 끊지 않는다. 대신 함께 자료를 찾고 관련 서적을 읽으며 호기심을 공유한다. 이때 부모는 정답을 하달하는 권위자가 아니라, 함께 진리를 찾아가는 배움의 동료가 된다.

이처럼 삶의 모든 순간을 배움으로 채우는 능동적 탐색 과정은 부모 내면의 단단한 근육이 된다. 부모는 세상을 스스로 해석하는 힘을 가짐으로써 막연한 정보가 주는 불안에서 완전히 벗어날 수 있다. 나아가 이러한 부모의 삶은 자녀에게 그 어떤 교과서보다 생생한 주체적 삶의 모델이 되며, 부모를 진정한 의미의 '작은 교사'로 거듭나게 한다.

실천 가이드
주체성 회복을 위한 5가지 열쇠

✖ 열쇠 1. 덮어둔 나만의 '거위의 꿈' 기록하기

막연한 비전을 구체화하는 첫 단계다. 자녀를 향한 시선을 잠시 거두고, 오직 나 자신에게 집중하는 '하루 15분'을 확보한다. 어릴 적 꿈이나 양육 전 즐겼던 취미를 적어보며, 현실의 무게에 눌려 잊고 지낸 자신의 잠재성을 종이 위에 소환한다.

✖ 열쇠 2. 일상의 몰입에서 재능의 실마리 찾기

거창한 재능을 찾으려 애쓰기보다, 남들보다 쉽게 해냈거나 시간 가는 줄 모르고 몰입했던 소소한 경험에 주목한다. 일상의 즐거움이 비전과 직업으로 연결되는 결정적인 단서가 됨을 믿고, 내가 가진 원석을 발견하는 시간을 갖는다.

✖ 열쇠 3. 능동적 학습으로 정보의 홍수 속 중심 잡기

세상의 불안한 속삭임과 자극적인 교육 정보에 휘둘리지 않기 위해 학습을 도구로 삼는다. 신문 기사나 뉴스의 단어 하나라도 주체적으로 탐색하며 시대의 흐름을 읽는 힘을 기른다. 부모가 스스로 세상을 해석할 때, 비로소 자녀를 올바른 길로 안내하는 분별력이 생긴다.

✖ 열쇠 4. 부모의 공부하는 뒷모습 공유하기

부모가 오늘 새롭게 깨달은 지식이나 통찰을 식사 자리 등에서 자연스럽게 이야기한다. 이는 가르치려는 훈계가 아니라 부모 또한 멈추지 않는 '학습자'임을 몸소 보여주는 과정이다. 부모의 진지한 뒷모습은 자녀에게 공부의 진정한 의미를 일깨우는 가장 강력한 침묵의 교육이 된다.

✖ 열쇠 5. 정답을 주는 권위 대신 질문을 나누는 동료 되기

자녀가 던지는 질문에 정답을 즉시 내려주는 권위자 역할을 내려놓는다. 대신 "함께 자료를 찾아볼까?"라고 말하며 지적 탐색의 과정을 공유한다. 부모와 자녀가 나란히 서서 세상을 탐구할 때, 가정은 불안의 전장에서 배움의 즐거움이 가득한 지적 놀이터로 변모한다.

2장

정(情) 건강한 경계선의 유지

튀폰의 눈에서, 싱글 포커싱으로

튀폰(Typhon)은 그리스 신화에 등장하는 가장 무시무시하고 거대한 괴물 중 하나다. 그 거대한 몸에는 수백 개의 머리와 100개의 눈이 달려 있었다. 이 수많은 눈은 잠시도 한곳에 머무르지 못한 채 번뜩이며 주변을 끊임없이 살폈다. 올림포스의 신들조차 공포에 몰아넣었던 튀폰은 결국 제우스의 단호한 번개를 맞고 시칠리아 섬의 에트나 화산 아래에 봉인되었다. 튀폰이 봉인 아래에서 분노하며 몸부림칠 때마다 땅이 흔들리고 불길이 솟구치는데, 이것이 곧 화산 폭발과 지진의 원인이 되었다는 것이 신화의 결말이다.

부모가 튀폰의 눈처럼 여러 개의 시선을 가지고 주변을 살피는 것은, 언제든 화산이 폭발할 듯 위태로운 상태를 자아

낼 뿐이다. 끊임없는 외부의 시선과 타인에 대한 선망에 휩쓸리다 보면, 자신의 의견과 조금만 어긋나거나 일이 뜻대로 풀리지 않을 때 감정은 쉽게 폭발해 버린다. 또한 모든 것에 신경을 쓰고 휘둘리는 과정에서 극심한 피로가 쌓여, 마침내 몸의 질환으로 나타나기도 한다. 이러한 상태에서 부모는 정작 자신의 건강이나 비전, 내면의 목소리를 듣지 못한 채 바깥세상의 불안과 경쟁만을 주시하게 된다.

부모의 통제되지 않은 불안은 자녀의 삶에 그대로 옮겨 심어져, 언제 터질지 모르는 화산처럼 위협적인 그림자를 드리운다. 자녀는 부모의 이런 모습에서 깊은 불안과 고통을 겪는다. 때로는 부모의 태도를 자신을 향한 강압으로 느끼기도 하지만 '나 때문에 부모가 힘들어한다.'라는 죄책감에 사로잡히기도 한다. 자신이 부모를 힘들게 하는 원인이라 규정해버린 아이는 결국 부모와 거리를 둘 수밖에 없다.

다시 부모 자신으로 돌아와 보자. 튀폰의 상태에서는 일관된 행동이 불가능하다. 100개의 눈이 각각 다른 정보를 수집하고 서로 다른 방향을 가리키기에, 마치 선장 없는 배처럼 외부의 작은 파도에도 요동치게 된다. 부모가 이러한 튀폰의 눈을 가지고 있다면 자신은 물론 자녀를 정확하게 바라보지 못한다. 삶의 주도권을 잃어버린 채 자녀의 목소리 대신 타인의 말과 시선만을 맹목적으로 따라갈 뿐이다.

이러한 외부의 불안과 혼돈(튀폰)에 맞설 수 있는 유일한 힘은 자신의 내면에 집중하는 단 하나의 눈, 바로 '싱글 포커싱(Single Focusing)'이다. 싱글 포커싱은 시선을 한곳으로 옮겨 몰입하는 힘을 의미한다. 외부 반응에 불안정했던 눈을 자신에게로 돌려 내면의 기쁨에 오롯이 집중하는 것이다. 이는 마치 망원경을 볼 때 시신경과 홍채가 하나의 목표물을 포착하기 위해 유기적으로 움직이는 것과 같다. 쏟아지는 수많은 가짜 정보와 불안을 걸러내고, 오직 '지금, 여기, 나'를 선명하게 바라보는 것이 싱글 포커싱의 핵심이다.

따라서 싱글 포커싱을 현실에 구현하는 첫걸음은 바로 자신의 감각을 '회복'하는 것이다. 시각, 청각, 촉각, 미각, 후각이라는 오감의 감각을 깨우고 스스로 관리하는 행위야말로, 부모가 불안의 늪에서 벗어나 주체적인 삶을 시작하는 최초의 실천이 된다.

잠든 감각을 깨워 회복하는 '몸'

　싱글 포커싱은 단순히 한 곳을 응시하는 기술이 아니라, 불필요한 것을 차단하고 삶의 본질을 선택하는 결단이다. 그 본질은 외부의 무질서를 이겨내고 내 몸이 보내는 미세한 신호를 포착하는 것이다. 그 감각의 신호를 따라가다 보면 어느새 내 신체에 간직된 아름다움, 즉 '감각의 미학'을 발견하게 된다.

　이는 양육의 무게와 고된 노동의 먼지에 가려져 있던 지친 몸으로 시선을 돌려, 세월의 풍파 속에서도 여전히 선명하게 빛나는 자신의 눈, 생기 돋친 머릿결, 치열한 삶을 지탱해 온 거친 손등을 마주하는 일이다. 비록 근육량은 부족하고 자세는 굳었을지라도, 조금만 신경 쓰고 가꾼다면 다시 심장이 높다랗게 고동치며 활력 넘치는 나의 신체는 나만이 향유할 수 있는 진정한 미학의 대상이다.

　감각의 미학은 몸을 있는 그대로 느끼는 것에 그치지 않는다. 과거에 술이나 담배 같은 일시적인 쾌락으로 고된 노동을 보상받으려 했다면, 이제는 스스로 몸에 이로운 영향을 주려고 능동적으로 노력하는 과정으로 나아가야 한다. 그 과정은 거창할 필요가 없다. 무뎌진 오감을 회복하기 위해 가벼운 홈트레이닝을 시작하거나, 집 근처를 산책하며 기분 좋게 달려보는 것도 좋다. 술을 줄이거나 금연을 시도하는 것역시 내 몸의 감각을 깨우는 훌륭한 실천이다. 한 번에 완벽해야 한다는 강박보다는, 어제보다 오늘이 조금 더 나아지는 것을 목표로 삼는 긴 호흡의 장기적 계획이 필요하다.

자신의 몸에 깊이 몰입하다 보면 혼돈 속에 방치되었던 몸상태가 선명하게 보이기 시작한다. 상태를 직시하는 순간, 내가 가진 신체 요소 하나하나가 더없이 소중하게 여겨진다. 이 소중한 자산에 질 좋은 영양분을 채워주려는 진심 어린노력은 바로 이 지점에서 시작된다.

인간의 뇌는 새로운 경험과 습관에 적응하여 신경 회로를 재편하는 가소성을 가지고 있다. 긍정적인 행동을 시작하면뇌는 관련 신경 경로를 강화하며 스스로 변화한다. 앞서 학생 편에서 설명했듯, 도파민은 노력의 결과가 명확히 확인될때 분비되어 이 경로를 반복하라고 뇌에 명령하며 습관의 고리를 단단하게 만든다. 작심삼일이 아닌 꾸준한 일상이 가능해지는 원리가 바로 여기에 있다.

따라서 도파민을 활성화하고 신체를 재건하기 위해서는

몸의 작은 변화를 정량적으로 기록하여 성취를 명확히 인지하는 과정이 필수적이다. 이러한 기록은 뇌에 성공의 신호를 전달하며, 도파민 보상을 유발하여 새로운 습관을 안착시키는 확실한 방아쇠가 된다.

현대의 기술은 우리가 몸을 정교하게 관리하도록 돕는다. 유튜브나 AI 검색 엔진을 통해 개인 맞춤형 관리법을 손쉽게 얻을 수 있으며, 웨어러블 기기는 보이지 않는 신체 신호를 가시적인 데이터로 변환해 준다. 그러나 도구가 훌륭해도 그것을 활용할 의지가 없다면 무용지물이다. 사실 방법이 없는 것이 아니라, 그동안 우리가 그 길을 외면해 온 것은 아닌지 반성해야 한다. 21세기인 지금, 감각 회복의 길은 이미 열려 있으며 그 방법 또한 무궁무진하다. 단지 그 길에 정성을 쏟지 않았을 뿐이다.

1단계: 내 몸의 신호 읽기

지금 내 몸이 보내는 정직한 신호를 점검한다. 자신의 상태를 객관적으로 파악하는 것이 감각 회복의 출발점이다.

□ 눈이 자주 침침하거나 피로감을 느낀다.

□ 머릿결이나 피부, 손톱이 부쩍 푸석해졌다.

□ 입술이 자주 갈라지거나 입안이 헐 때가 있다.

□ 계단을 오르거나 짐을 들 때 근력이 부족하다고 느낀다.

□ 거울 속의 내 모습이 구부정하거나 목이 앞으로 나와 있다.

□ 아침에 일어났을 때 개운하지 않고 수면의 질이 낮다.

2단계: 뇌 가소성을 깨우는 '작은 시도'

거창한 목표 대신, 오늘 당장 실천할 수 있는 '어제보다 나은' 행동을 선택한다. 뇌의 회로를 재편하는 것은 사소한 반복에서 시작된다.

신체 활동

(예: 홈트 10분, 산책 20분, 계단 이용하기 등)

나의 선택:

식습관 교정

(예: 술 한 잔 줄이기, 금연 시도, 물 2L 마시기 등)

나의 선택:

디지털 도구 활용

(예: AI로 맞춤 운동법 찾기, 건강 앱 기록 시작 등)

나의 선택:

3단계: 도파민 방아쇠 당기기 (정량적 기록)

뇌 가소성을 자극하려면 변화를 수치로 확인해야 한다. 기록은 도파민 분비를 돕는 가장 강력한 도구가 된다.

예

날짜	실천 내용 (활동명)	수행 시간/횟수	몸의 감각 변화 (미세한 차이)
○월 ○일	가벼운 조깅	15분	다리는 무겁지만, 머리가 맑아진 기분

4단계: 심리적 유산

부모가 자신을 관리하는 모습이 자녀에게 미칠 긍정적인 파급력을 고찰하는 단계다.

내가 건강을 챙기는 모습을 볼 때, 우리 아이는 어떤 안도감이나 배움을 얻을까?

(예: 우리 엄마/아빠는 '자신을 정말 아낀다'라는 확신)

내 생각:

____

____

나의 생체 리듬을 되찾음으로써, 타인의 시간표에 휘둘리지 않고 내가 주도하고 싶은 삶의 목표는 무엇인가?

내 생각:

____

____

기록을 통해 확인하는 작은 변화들은 뇌를 즐겁게 만들고, 다시 움직일 힘을 준다. 부모가 활력을 되찾고 자신을 아끼는 모습은 자녀에게 그 어떤 말보다 강한 안도감을 선사한다. 내가 건강하고 단단하게 서 있을 때, 우리 집의 공기도 비약적으로 맑아진다. 이제 나를 위한 작은 실천이 가져올 기분 좋은 변화를 즐기기만 하면 된다.

단호한 경계로 나를 지키기

싱글 포커싱은 불필요한 것을 차단하고 자신에게로 돌아오는 과정이다. 이를 위해선 외부의 유혹 또한 단호히 이겨내야 한다. 학생들이 친구가 제안하는 게임의 즐거움에 쉽게 빠져들듯, 부모 또한 주변인이 제안하는 관성적 즐거움을 거절하지 못하는 경우가 많다. 부모가 자신의 수면, 학습, 가족과의 시간을 타인의 요구(친목, 불필요한 경쟁 정보 등) 때문에 쉽게 양보하면, 이를 본 자녀는 타인에 의해 '나의 영역은 침범당해도 괜찮다.'라는 메시지를 무의식적으로 습득한다. 반대로 자기 시간을 존중하며 명확한 경계를 설정하는 부모를 본 아이는 '내 삶을 주체적으로 방어하는 방법'과 '나 자신을 존중하는 법'을 자연스럽게 배운다.

타인으로부터 자신을 지키는 행위는 곧 '건강한 경계' 관리다. 건강한 경계는 불안한 튀폰의 시선이 우리 삶의 문턱을 넘지 못하게 막는 단단한 울타리가 된다. 반대로 경계가 없으면 외부의 혼돈이 여과 없이 자녀와의 관계 속으로 침투한다. 경계를 지키지 못해 무리하게 잡은 약속과 그 여파로 산적한 일들은 부모를 분주하게 만들고, 그 스트레스는 고스란히 자녀에게 전달된다. 갑자기 '욱'하거나 별일 아닌 일에 소리를 지르고, 자녀와 함께해야 할 일을 귀찮아하는 변화는 모두 경계가 허물어진 탓에 발생한다.

경계가 허물어지는 상황들

- 불안을 조장하는 입시 관련 단체 대화방에 과몰입: 시시각각 쏟아지는 타인의 성취와 정보에 노출되어 자신의 교육 주관이 흔들리는 상황.
- 죄책감에 기반한 무분별한 경제적 지출: 남들만큼은 해줘야 한다는 심리적 압박에 휘둘려 가계의 적정 예산을 초과하는 교육비를 지출하는 행위.

- 자녀 일정에 종속된 부모의 삶: 학원 라이딩, 숙제 관리 등 자녀의 일과를 대신 수행하느라 부모 자신의 학습이나 휴식 시간이 완전히 소멸한 상태.
- 주변인의 과도한 요구와 통제: 가족, 친지, 지인의 무리한 부탁이나 참견을 거절하지 못해 자신의 정서적 에너지를 타인에게 우선 할애하는 경우.
- 개인의 한계를 넘어선 과도한 업무와 책무: 자신의 물리적·정신적 한계치를 초과하는 사회적 요구를 수용하여, 결국 가정 내에서 자녀에게 감정적으로 폭발하게 만드는 환경.
- 자녀의 시행착오를 차단하려는 과잉 조력: 학생이 스스로 해결해야 할 문제까지 부모가 대신 떠안음으로써 정서적 분리가 일어나지 않는 관계적 상황.

위 리스트 외에도 경계선이 허물어지는 순간은 일상 곳곳에 존재한다. 중요한 점은 그러한 상황이 닥칠 때마다 부모가 휘둘리지 않도록 경계선을 사수하는 현명한 지혜가 필요하다는 사실이다.

이러한 경계선 지키기는 차마 내뱉지 못했던 단어인 "아니오(No).”를 말하는 용기에서 시작된다. “아니오.”는 단순한 거절의 의미를 넘어 자신의 신념을 지키는 주체성에서 나오는 단호한 발언이다. 이는 외부 정보에 평정심을 잃지 않겠다는 스스로와의 약속인 동시에, 타인에게는 더 이상 나를 흔들거나 조종하지 말라는 선언적 경고가 된다. 적절한 거절은 나를 보호하고 본래의 위치에서 이탈하지 않도록 돕는 방어선이 된다.

동시에 부모는 자신도 모르게 타인의 경계선을 허물고 있지는 않은지 숙고해야 한다. 타인에게 잦은 술자리나 유흥을 권유하는 행위 역시 지양해야 할 태도다. 진정으로 자신의 몸을 사랑하고 관리하는 사람은 타인의 신체와 시간 또한 소중히 여긴다는 사실을 잊어서는 안 된다.

우리는 항상 삶의 도처에서 ‘적절함’의 경계가 어디인지 고민한다. 이는 모든 관계를 단절하자는 극단적인 결단이 아니라, 삶의 균형을 깨뜨리는 지나침을 경계하고 본질을 지키자는 제안이다. 결국 부모가 자신의 몸을 회복하고 건강을 위해 노력하는 모습은 자녀에게 가장 강력한 교육이 된다. 말로 하는 훈계보다 부지런히 자신을 가꾸는 부모의 뒷모습이, 자녀로 하여금 자신을 사랑하는 법을 스스로 본받게 만들기 때문이다.

이처럼 감각의 미학은 주변으로 전염된다. 그리고 그것은 부모가 자녀에게 물려줄 수 있는 가장 고귀한 무형의 유산이 된다.

자녀를 바로 서게 하는 부모의 '안전기지'

안전기지란 심리학자 존 볼비가 제시한 개념으로, 자녀가 세상 밖으로 나가 자유롭게 탐험하고 위험을 감수할 수 있도록 용기를 주는 '심리적 피난처'를 의미한다. 자녀는 세상 밖에서 좌절, 실패, 혼란을 경험했을 때 언제든 부모에게 돌아와 위로와 재충전을 받고 다시 나아갈 힘을 얻는다. 튀폰의 눈처럼 불안정했던 부모가 자기 관리를 통해 단단하고 흔들리지 않는 울타리가 되었을 때, 자녀는 비로소 그 울타리 안에서 안전함을 느낀다. 어떠한 내면의 감정이라도 가족 안에서는 안전하게 수용된다는 안도감은, 자녀가 세상을 향해 나아가는 가장 강력한 동력이 된다.

부모의 울타리가 안전기지로 기능하면, 자녀는 감정을 억압하는 대신 부모와의 대화를 통해 자신의 혼란스러운 감정을 조절하고 정리하는 법을 자연스럽게 배운다. 또한 주변 사람들과의 관계에서 휩쓸리지 않고 주체적으로 살아가는 부모의 모습을 본 자녀는 그 안정감을 기반으로 친구들의 유혹을 당당하게 뿌리칠 수 있다. 흔들리지 않는 부모의 모습은 자녀에게 "우리는 언제든지 너를 도울 준비가 돼 있어.", "실패해도 괜찮아.", "걱정하지 마, 엄마 아빠를 믿어줄 수 있지?"와 같은 말을 단순한 위로가 아닌 실질적인 방패막으로 느끼게 한다. 이 같은 신뢰가 겹겹이 쌓여 결국 가족 간의 믿음과 든든함으로 연결되는 '관계적 좋음'이 완성된다.

이러한 깊은 신뢰 관계를 유지하기 위해 부모에게는 '지조'가 필요하다. 지조란 첫째, 늘 한결같은 모습을 유지하려는 노력이다. 부모의 일관된 태도는 가정의 문화를 올바르게 형성하는 바탕이 된다. 문화를 뜻하는 영어 단어 '컬처(Culture)'가 '쌓다', '경작하다'라는 의미를 담고 있듯, 긍정적인 가족 문화는 단번에 만들어지는 것이 아니라 오랜 기간의 꾸준한 노력을 통해 맺는 결실이다. 따라서 부모가 이 경작의 과정에서 일관된 실천의 모습을 보이는 것이 중요하며, 그 실천의 핵심이 바로 지조다.

지조는 둘째, 본인의 비전을 향한 흔들림 없는 꾸준함, 감각을 통한 건강 관리의 지속성, 그리고 주변의 시선이나 요구에 휘둘리지 않고 우뚝 선 단단한 모습에서 발현된다. 부모의 실천적인 삶은 말이 곧 행동이 되는 일관성을 보여줄 뿐만 아니라, 그 자체로 살아있는 가정교육이 된다. 반면 금세 말이 바뀌고 행동이 흔들리는 부모의 태도는 권위를 떨어뜨리고 가정의 문화를 뒤흔든다. 이러한 불안정한 모습은 자녀에게 가장 필요한 심리적 방파제인 안전기지를 무너뜨리는 것과 같다.

자녀와의 관계에서 얻는 진정한 즐거움은 부모가 일방적으로 가르치고 지도하는 데서 오지 않는다. 부모가 자신을 안전기지로 확립한 후, 자녀에게 온전히 시선을 돌려 서로 배움을 찾는 상호적인 관계를 구축할 때 관계적 성숙은 완성된다. 부모는 학생의 순수함, 지금 이 순간에 몰입하는 능력, 그리고 세상에 대한 창의적인 시각을 통해 많은 것을 배운다. 아이들이 자연을 상상의 언어로 표현할 때 부모는 잊었던 감각을 회복하기도 한다. 사물을 새로운 시각으로 바라보고 던지는 질문들은 그동안 잊었던 생각의 자유를 일깨우며, 어른의 경직된 사고방식에 신선한 충격과 통찰을 제공한다. 부모가 놓치기 쉬운 일상의 작은 경이로움인 길가의 꽃이나 하늘의 구름, 단순한 놀이의 즐거움을 자녀를 통해 다시 발견하게 된다.

그렇기 때문에 부모는 무조건 가르치는 존재라는 프레임에서 벗어나 자녀에게서도 배우려는 자세를 가져야 한다. 이것이 바로 '배움의 호혜성'이다. 호혜성은 자녀에게 베푼 만큼 되돌려 달라는 요구가 아니라, 자녀에게서도 배움을 찾는 겸손한 태도를 의미한다. 자녀에게 부모를 보고 배우라는 일방적인 방식에서 탈피하여, 자녀 역시 부모의 스승이 될 수 있음을 인정하고 수평적인 관계를 형성하는 것이다.

부모가 자신을 '항상 가르치는 사람'이 아닌 '함께 성장하는 학습자'로 규정할 때, 관계는 권위에서 벗어나 존중의 장이 된다. 그렇게 되면 학생들도 자신이 배우고 깨달은 내용을 부모에게 나누는 과정을 즐거움으로 여기게 된다. 이 즐거움은 자연스럽게 꾸준한 학습으로 이어지는 내적 동기가 된다. 배움이 숙제가 아닌 가족 간에 나누는 즐거운 소통이 된다면 학습과 공부는 더 이상 괴로운 일이 아니다. 결국 서로에게 유익한 관계로 나아갈 때 가정 안에서 올바른 동등함이 발휘되며, 부모와 자녀 모두 풍요롭고 즐거운 성장의 여정을 함께할 수 있다.

실천 가이드
'좋음'의 관계를 위한 5가지 열쇠

✖ 열쇠 1. 튀폰을 잠재우는 '싱글 포커싱'

불안으로 뒤덮인 튀폰의 100개의 눈으로 자녀를 감시하지 않도록 주의하자. 외부의 소음과 복잡한 정보에서 잠시 벗어나, 오직 자기 자신의 내면과 현재의 상태에만 집중하는 시간을 확보해야 한다. 부모가 먼저 자신의 마음을 정돈할 때, 과도하게 높았던 가정 내의 불안 온도는 자연스럽게 낮아진다.

✖ 열쇠 2. 회복된 감각으로 '감각의 미학' 향유하기

무뎌진 오감을 깨워 내 몸이 보내는 정직한 신호에 귀를 기울여야 한다. 잘 차려진 식사, 깊은 호흡, 기분 좋은 산책 등 사소한 감각적 즐거움을 다시 발견하는 과정은 부모에게 진정한 효능감을 준다. 스스로를 정성껏 보살피는 부모의 모습은 자녀에게 나의 부모는 단단한 어른이라는 커다란 안도감을 선물한다.

✖ 열쇠 3. '건강한 경계'로 울타리 사수하기

타인의 요구나 불필요한 경쟁 정보에 휘둘리지 않도록 단호한 울타리를 쳐야 한다. 차마 내뱉지 못했던 "아니오(No)."를 말하는 용기는 나의 신념을 지키는 주체성의 표현이다. 부모가 자신의 시간과 영역을 존중하며 경계를 지킬 때, 자녀 또한 타인에게 휘둘리지 않고 자신의 삶을 주체적으로 방어하는 법을 배운다.

✖ 열쇠 4. 흔들리지 않는 '안전기지' 구축하기

부모의 일관된 '지조'는 자녀가 실패해도 언제든 돌아와 쉴 수 있는 심리적 피난처가 된다. 문화를 뜻하는 '컬처(Culture)'의 의미처럼, 매일 조금씩 일관된 실천을 쌓아 견고한 가족 문화를 경작해야 한다. 부모가 단단한 방파제가 되어줄 때, 자녀는 그 울타리 안에서 안전함을 느끼며 세상으로 나아갈 용기를 얻는다.

✖ 열쇠 5. 배움의 '호혜성'으로 관계 완성하기

부모는 '항상 가르치는 존재'라는 프레임에서 벗어나, 자녀에게서도 배우려는 겸손한 자세를 가져야 한다. 학생의 순수한 몰입과 창의적인 시각을 통해 부모 역시 잊었던 감각과 경이로움을 되찾는다. 서로가 서로에게 유익한 존재가 되는 수평적인 존중의 장이 마련될 때, 가정은 풍요로운 성장의 여정을 함께하는 공간으로 거듭난다.

3장

의(意) 완성을 향한 여정 '동반성장'

실천하는 부모, 작은 교사의 권위

"진정한 스승은 사다리를 타고 먼저 올라가 세상의 아름다움을 본 사람이다. 그리고 다시 내려와 사랑하는 사람들에게 그 아름다움을 알려주는 사람이다."

-플라톤-

고대 그리스에서 아이를 가르치고 인도하는 사람을 파이다고고스(paidagōgos)라고 불렀듯, 자신의 자녀를 올바른 길로 인도하는 부모는 자녀의 가장 중요한 스승이다. 플라톤이 언급한 '사다리'는 곧 인생의 여정과 성장, 그리고 자기 실천의 노력을 의미한다. 이 사다리 끝에 있는 세상의 아름다움은 부모가 삶을 통해 얻어야 할 진정한 지혜와 가치를 상

징한다. 진정한 스승이란 이 아름다움을 먼저 발견한 사람이
며, 그 길로 자녀를 안내하는 자다.

부모가 자녀를 이 아름다움으로 이끌기 위해 한 발짝 앞서
간다는 것은 단순히 지식이나 규율을 전달하는 행위가 아니
다. 이는 먼저 그 길을 행동으로 옮기고 실천하는 사람이 됨
으로써, 자녀에게 삶의 방향에 대한 신뢰와 확신을 주는 과
정을 의미한다. 따라서 부모가 앞서 배운 지(知)와 정(情)을
삶에서 실천(意)하는 모습은 그 자체로 가장 고귀한 형태의
교육이다. 몸소 실천을 보여주는 부모는 학생에게 자본이나
성적보다 더 귀한 '사람됨'의 가치를 가르친다.

하지만 안내자로서 실천을 보이지 않고 말만 앞세우는 부
모를 본 자녀는, 훗날 사회에서 언행이 일치하지 않는 사람
으로 성장할 가능성이 크다. 주변에서 흔히 볼 수 있는 말만
거창한 사람들은 온갖 전문 용어를 쓰며 타인을 가르치려 들
지만 정작 자신의 이익 앞에서는 손바닥 뒤집듯 말을 바꾼
다. 이러한 모습은 그 언어에 담긴 통찰을 믿고 삶의 방향을
바꾸려 했던 사람들에게 깊은 배신감과 울분을 안겨준다.

현실을 살아가다 보면 자신이 내뱉은 모든 언행을 완벽히
지키기는 어려울 수 있다. 여러 상황이 약속의 이행을 방해

하기도 한다. 그러나 작은 약속이라도 소중히 여겨 지키려 노력하는 사람은 결코 약속을 함부로 하지 않는다. 자신이 이행할 수 있는 범위 안에서만 말하는 사람이 진실한 법이다. 만약 부모의 행동이 말에 미치지 못한다면 안내자로서의 권위는 추락한다. 부모가 가리키는 곳이 아무리 아름다운 이상향일지라도, 말에 신뢰가 없다면 자녀는 그곳을 거짓된 장소라고 여길 것이다.

진정한 안내자란 자신이 보고 학습하며 깨우친 아름다움을 삶으로 연결하고 행동으로 옮기는 사람이다. 결국 부모의 실천적 진정성만이 자녀에게 외부의 평가나 유행에 흔들리지 않는 내면의 나침반을 제공한다. 이제 안내자로서 자녀의 삶에 영원히 녹슬지 않을 이 나침반을 심어주기 위한 구체적인 실천에 돌입해야 한다.

매일 조금씩 쌓아가는 시간의 힘

실천의 중요성을 인지하더라도 단순히 '실천하자.'라고 선언하는 것만으로는 매일 반복되는 일과를 감당하기 벅차다. 특히 직장 업무와 육아를 병행하는 맞벌이 부부에게는 자신의 비전을 향해 손쉽게 실천을 이어갈 여유가 많지 않다. 따라서 부모의 실천은 철저한 계획과 방해 요인 관리에서 시작되어야 한다. 실천에서 가장 중요한 점은 단기간의 성과보다 켜켜이 쌓아 결실을 맺는 과정 그 자체다. 악기를 2년간 꾸준히 다루면 뇌 구조가 변하고 실력이 체화되듯, 지속성이 핵심이다. 장기적인 지조를 가지고 인내하며 꿈을 실천하는 과정은 부모를 더욱 성숙한 개인으로 성장시킨다.

부모는 이러한 지속성을 확보하기 위해 바쁜 일상 속에서도 학습을 이어가도록 환경을 구조화해야 한다. 많은 양의 학습을 한꺼번에 몰아서 하기보다는 하루 중 30분에서 1시간 정도 짧은 틈을 내어 조용한 곳에서 깊이 있게 집중하는 것이 효과적이다. 이때 휴대폰은 무음 상태로 두어 방해 요소를 차단해야 한다. 또한 한정된 시간을 확보하려면 텔레비전이나 게임 같은 디지털 기기 소비를 절제해야 한다. 숏폼 영상이나 SNS 활동에 시간을 쏟는 만큼 학습 시간은 사라지므로, 단호한 '스마트 디톡스'가 필요하다.

시간 관리와 더불어 학습 효율을 극대화하려면 충분한 수면 후 일어난 아침에 뇌가 가장 맑다는 사실을 적극적으로 활용해야 한다. 주말이면 밀린 잠을 자기 바쁘겠지만, 부모는 자녀가 일어나기 전에 먼저 침구를 정리하고 활기차게 아침을 맞이하는 모습을 보여줄 필요가 있다. 부모가 쉬는 날에도 일찍 기상하여 좋은 루틴을 유지한다면, 학생들은 그 모습을 보며 무의식적으로 부모의 태도를 배우게 된다.

특히 국가공인자격증 취득과 같이 높은 몰입이 필요한 학습을 할 경우, 집 근처 도서관이나 독서실의 정기권을 활용하여 주말 아침이나 주중 저녁에 공부하는 습관을 들이는 것이 좋다. 처음에는 자녀가 그런 부모를 어색하게 느낄 수도 있다. 그러나 어느덧 독서실 부모 옆 좌석에 자녀가 함께 앉아 책을 읽게 되는 찰나는 인생에서 가장 고귀한 안내의 순간이 된다.

이러한 실천의 힘을 배가하기 위해 부모는 자녀에게 자신의 꿈을 당당히 선언해도 좋다. 꿈을 이루기 위해 공부와 다양한 경험을 시작하겠다고 약속한다면, 아이들은 부모의 열정적인 모습에 긍정적인 자극을 받는다. 완벽하지 않더라도 하루에 한두 개 정도 학습 계획을 세우고, 가족 모두가 볼 수 있는 게시판에 이를 공유하자. 매일의 학습 경과를 기록해 나가는 과정을 자녀에게 보여주면, 자녀는 부모의 노력을 존중하며 그 시간만큼은 방해하지 않으려 노력할 것이다.

작은 실천들이 쌓이는 과정이 바로 부모의 '의(意)'가 축적
되는 시간이다. 여기서 가장 중요한 점은 무엇이든 배우는
행위에서 그치지 않고, 자신의 성장을 눈으로 직접 확인할
수 있는 시각적이고 객관적인 데이터를 남기는 것이다. 자
격증 취득, 학점 이수, 학위 취득과 같은 객관적인 결실은 성
취감을 높일 뿐만 아니라 다음 단계로 나아갈 강력한 동기를
부여한다.

예를 들어 베이킹에 소질이 있는 부모라면 자신이 만드는
과정을 영상으로 기록해 공유하는 방법도 있다. 하지만 가장
이상적인 결실은 자신의 지혜를 한 권의 책으로 남기는 것이
다. 책은 영원히 사라지지 않는 가장 견고한 기록이며, 자신
이 배우고 학습한 결과물을 책으로 엮는 행위는 곧 자녀에게
물려줄 수 있는 고귀한 지혜의 유산이 된다.

핵심 실천 요약

- 장기 계획: 단기간 성과보다 지속성에 집중하며, 2년 동안
  꾸준히 쌓아 성숙한 개인으로 성장하는 지조를 발휘한다.
- 시간 쪼개 쓰기: 하루 중 30분~1시간의 짧은 틈을 내어

조용한 곳에서 깊이 있게 집중하며 학습한다.

- 스마트 디톡스: 짧은 영상, 게임, SNS 등 전자 산물 소비를 절제하여 학습 시간을 확보한다.
- 공간 및 루틴 확보: 도서관/독서실 정기권을 활용하고, 주말에도 자녀보다 일찍 기상하여 좋은 루틴을 몸소 보여준다.
- 꿈 선언: 자녀에게 자신의 꿈과 학습 목표를 열정적으로 선언하여 동반성장의 분위기를 조성한다.
- 계획 게시판: 학습 계획을 가족 모두가 보는 게시판에 공유하고, day 체크를 통해 성과를 투명하게 공유한다.
- 가시적 데이터: 그냥 배우는 것에만 그치지 않고 자격증 취득, 학점 이수, 학교 졸업 등 객관적인 성장의 흔적을 남겨 성취감을 높인다.
- 지혜의 유산: 궁극적으로 책을 통해 자신이 배우고 학습한 것을 남겨 자녀에게 물려줄 수 있는 가장 견고한 지혜의 유산을 만든다.

다시 도전하는 안내자의 뒷모습

부모는 목표한 바를 선언하고 꾸준히 정진하더라도 때로

는 계획의 실패나 예상치 못한 난관에 부딪히기 마련이다. 이때 '역시 난 안 돼.' '머리가 예전 같지 않네.' 와 같은 나약한 생각이 고개를 든다. 이러한 좌절감은 인간으로서 자연스러운 감정이지만, 중요한 점은 이 감정에 휩쓸려 실천의 여정을 포기하는 정당성을 스스로 부여해서는 안 된다는 사실이다. 시작은 창대했으나 끝이 미약하다면, 부모는 자녀에게 쉽게 포기하는 모습만을 남길 뿐이다.

독서를 선언하고 며칠 만에 멈춰버린 채 먼지만 쌓여가는 책을 볼 때, 아이들은 부모를 이해하기보다 답답함을 느낀다. 꿈과 비전을 향한 여정에는 당연히 실패와 시행착오가 따르기 마련이다. 이때 좌절하지 않고 다시 일어서는 법을 아는 것이야말로 부모가 자녀에게 보여줄 수 있는 진정한 본보기다.

좌절에서 벗어나 다시 시작할 때는 부정적인 감정에 압도되지 않도록 의식적으로 주의를 전환해야 한다. 거창한 계획을 다시 세우기보다 가장 쉽고 작은 '재시작'을 시도하는 것이 현명하다. 예를 들어 미뤄둔 긴 학습 대신 '5분짜리 과업'을 먼저 처리하며 '작은 성취감'이라는 마중물을 얻고 다시 몰입의 흐름으로 복귀해야 한다.

자녀는 부모가 완벽한 척하면서 뒤에서 쉽게 포기하는 모습을 볼 때 깊은 괴리감을 느낀다. 오히려 자신의 한계를 솔직하게 인정하는 모습이 훨씬 긍정적이다. "부모도 인간이기에 생각보다 쉽지 않네. 그래도 포기하지 않고 해볼 때까지는 해보자."와 같이 힘든 부분을 자녀에게 가감 없이 드러내야 한다. 중요한 것은 완벽함이 아니라 고단한 상황에서도 꾸준히 한 발씩 나아가는 '지속성'이다.

함께 성장하는 부모는 자신의 어려움을 숨기지 않는다. "이번 주 목표는 달성하지 못했지만, 내일부터 다시 작은 부분부터 시작할 거야."라고 다짐하며 재도전하는 과정을 투명하게 공유한다. 이 같은 진정성은 성공이 포기하지 않는 태도에 달렸다는 사실을 자녀에게 일깨워 준다. 이처럼 과정을 공유하는 정직한 태도야말로 자녀가 회복 탄력성의 가치를 몸소 배우게 하는 가장 강력한 교육이 된다.

부모는 때로 자녀에게 자신의 모습에 대한 피드백을 요구하는 지혜를 발휘해야 한다. "엄마가 이번 주 계획을 지키지 못한 이유가 무엇일까?", "아빠가 더 잘하고 싶은데 어떻게 하면 수월할지 힌트 좀 줄래?"와 같은 질문은 실패의 책임을 외부로 돌리지 않는 책임감을 보여준다. 무엇보다 이러한 과정은 자녀 스스로 부모의 상황을 관찰하고 해결책을 제시해 보는 귀한 배움의 기회가 된다. 부모는 이렇듯 자녀와 피드백을 주고받으며 실패를 다음 단계로 나아가는 동력으로 전환하는 '든든한 조력자'가 된다.

성장 트랙을 완주하는 '동반 러너'

부모가 자신의 삶을 스스로 가꾸며 어떤 난관에도 흔들리지 않는 태도를 갖추었다면, 이제 자녀와 발을 맞추어 나아가야 한다. 이 여정에서 부모는 뒤에서 지시만 하는 관찰자가 아니라, 자녀와 같은 길을 달리는 '동반 러너'가 되어야 한다. 이때 부모에게 필요한 역할이 바로 자녀의 성장을 돕는 지혜로운 개입이다.

개입은 단순한 간섭이나 통제가 아니다. 자녀가 스스로 해결하기 어려운 문제에 부딪혔을 때, 부모가 자신의 경험을 바탕으로 결정적인 순간에 성장의 마중물을 제공하는 행위다. 부모는 완벽한 정답을 제시하기보다 자녀가 실패 속에서 무엇을 배울 수 있는지 스스로 깨닫게 도와야 한다. 이러한 조력이야말로 자녀와 함께 지속가능한 성장을 이루는 핵심적인 안내 방식이 된다.

『학생 성장을 위한 인게이지먼트 핸드북』에서는 교사뿐만 아니라 부모의 적합한 개입 사례를 소개하며 실천 방안을 다음과 같이 제시한다.

- 동기 부여: 부모가 자녀의 노력을 성공의 원인으로 보고 높은 기대감을 보일 때, 학생은 스스로를 믿고 노력하는 자기 효능감을 형성한다.
- 훈육 양식: 따뜻한 태도와 명확한 규칙, 그리고 자율성을 존중하는 환경이 갖춰질 때 학업 성과가 가장 효과적으로 나타난다.
- 구조화된 환경: 학습 규칙과 일정, 정돈된 공간은 학생의 역량을 지지하는 든든한 기반이 된다.
- 공동 학습: 부모와 자녀가 함께 독서하거나 공부하는 활동은 지적 자원을 나누고 정서적 유대를 깊게 한다.
- 미래 준비: 진로와 취업, 사회적 이슈 등 미래의 의제를 함께 논의하며 삶을 설계하도록 돕는 활동이다.
- 학업적 사회화: 학교 공부와 현실 세계를 연결하여 아이들이 학업의 진정한 가치를 이해하도록 돕는다.

- 학교생활 논의: 일상의 고민을 수시로 공유하는 문화는 자녀가 어려움에 부닥쳤을 때 가장 먼저 부모에게 도움을 요청하게 만든다.

결론적으로 자녀의 학업 성과는 부모의 질적인 개입을 통해 극대화된다. 단순한 숙제 점검을 넘어 미래를 논의하고 학습 전략을 공유하는 적극적 지원은 자녀의 내재적 동기를 강화하고, 스스로 성장하는 주체로 이끄는 토대가 된다.

부모는 자녀에게 본보기가 되도록 스스로 먼저 성장하는 모습을 보여주어야 한다. 부모의 자기 성장이 전제될 때, 그 개입은 신뢰와 자율성이라는 지지 위에서 최선의 효과를 발휘한다. 주자(走者)로서의 부모는 단순히 앞에서 달리는 지시자가 아니라, 자녀의 삶이라는 트랙 위에서 함께 호흡하며 상황에 따라 유연하게 움직이는 참여자다.

때로는 한발 앞서 자녀의 학습 환경을 세심하게 점검하고, 때로는 아이의 바로 옆에서 페이스를 조절하며 심리적 지지를 제공해야 한다. 이러한 부모의 지혜로운 동행이 이어질 때, 자녀는 비로소 자신만의 속도로 성장의 트랙을 완주할 용기를 얻는다.

실천 가이드
성숙한 리더십을 위한 5가지 열쇠

✖ 열쇠 1. 실천으로 말의 권위를 세워라

부모의 권위는 강요나 통제가 아니라 솔선수범에서 나온다. 부모가 자신의 삶에서 스스로 세운 원칙을 꾸준히 지키고 실천하는 모습을 보일 때, 자녀에게 건네는 조언은 강력한 설득력을 얻는다. 말보다 앞서는 부모의 실천이야말로 자녀의 성장을 이끄는 가장 정직한 리더십임을 명심하라.

✖ 열쇠 2. 성취를 공유하고 데이터를 시각화하라

자녀에게 성취나 노력을 요구하지 마라. 대신 부모가 자신의 삶에서 목표를 세우고 실천해 나가는 과정과 그 결과를 데이터로 시각화하여 자녀에게 보여주어라. 부모가 자신의 성장을 증명하는 구체적인 지표를 자녀와 공유할 때, 자녀는 부모의 삶을 통해 성장의 가치를 스스로 깨닫게 된다. 이러한 부모의 데이터는 자녀를 변화시키는 가장 강력한 조력의 도구가 된다.

✖ 열쇠 3. 다시 일어서는 안내자의 뒷모습을 보여라

부모는 완벽한 모습만을 보여주는 존재가 아니다. 실패나 난관에 부딪혔을 때 부모가 어떻게 평정심을 유지하고 다시 일어서는지, 그 의연한 뒷모습을 보여주어라. 좌절을 딛고 일어서는 부모의 회복 탄력성은 자녀가 실패를 두려워하지 않고 다시 도전하게 만드는 최고의 교육이다.

✖ 열쇠 4. 따뜻한 개입으로 삶에 힘을 더하라

개입을 간섭으로 오해하지 마라. 개입은 자녀가 스스로 해결하기 어려운 성장의 난관에 부딪혔을 때 제공하는 성장의 마중물이다. 자녀의 학습 전략을 공유하고 미래의 의제를 함께 논의하자.

✖ 열쇠 5. 지혜로운 동행으로 페이스를 조절하라

주자로서의 부모는 단순히 앞에서 달리는 지시자가 아니라, 자녀의 삶이라는 트랙 위에서 함께 호흡하는 적극적인 참여자다. 때로는 한발 앞서 학습 환경을 점검하고 조성하며, 때로는 자녀의 바로 옆에서 페이스를 조절하며 심리적 지지를 제공하라.

부모를 나가며

부모도 소중한 '꽃'이란다

이희영의 소설 『페인트』는 저출산 문제를 해결하기 위해 국가가 학생들을 직접 양육하는 NC 센터를 배경으로 한다. 이곳은 보호자가 없거나 부득이한 사정으로 양육을 포기하여 국가의 보호가 필요한 청소년들을 대신 보호하고 키워내는 곳이다. 센터에서 자란 학생들은 성인이 되기 전, 자신을 키워줄 부모를 직접 면접 보고 선택하는 '페인트(Parent Interview)' 과정을 거친다.

17세 소년 제누는 국가라는 안전한 울타리 안에서 성장했지만, 진정한 가족의 의미를 찾기 위해 매우 까다로운 기준으로 부모 후보들을 대한다. 제누가 결국 마음을 여는 대상은 완벽한 조건을 갖춘 지원자들이 아니었다. 그는 오히려 준비가 부족하고 서툴지만, 자신의 삶에 분명한 비전을 가진 젊은 예술가 부부에게 이끌린다. 그들은 국가의 보호 아래 자란 제누의 환경을 편견 없이 바라보며, 꾸며진 완벽함 대신 솔직하고 인간적인 빈틈을 보여준다. 소설은 이를 통해 '좋은 부모란 무엇인가?'라는 질문을 던진다. 부모의 진정한 가치는 재력이나 완벽한 조건에 있는 것이 아니라, 자신의 삶을 포기하지 않는 주체적인 자세와 자녀와 함께 성장해 나가는 '되어 가는' 태도에 있음을 강조한다.

부모도 때로는 실수하고 실패하는, 한계가 존재하는 인간일 뿐이다. 작가는 작품 전반에서 부모의 불완전함을 고백하듯 부모는 '되는 것'이 아니라 '다만 되어 가는 것'이라는 메시지를 전한다. 글이 끝나고 작가 이희영은 맺음말을 통해 부모로서의 심정을 고스란히 대변하는 이야기를 전한다. 작가는 자신의 자녀를 떠올리며 "더 좋은 부모를 만났다면 너희가 더 좋은 환경에서 살 수 있지 않았을까." 하는 미안함을 고백한다. 하지만 이러한 미안함에도 불구하고, 자녀를 향한 진심 어린 사랑을 작가는 또다시 글에서 고백한다.

우리 부모들은 늘 자녀에게 미안한 마음을 품고 산다. 자녀가 괜찮다고, 충분하다고 말해도 더 못 해준 것에 대해 미안할 뿐이다. 이것이 부모의 마음이다. 하지만 『페인트』를 통해 알 수 있듯이, 자녀들도 분명히 부모에게 이렇게 말해주고 싶을 것이다.

"부모님, 당신도 그 자체로 소중한 꽃입니다. 그러니 완벽하려고 애쓰지 않아도 돼요. 지금 있는 그대로 당신은 이미 충분히 아름다운 꽃입니다."

우리는 흔히 '좋은' 부모의 기준을 직업, 집안, 학교, 외모와 같은 외부적 조건에서 찾으려 한다. 그러나 부모는 그런 물질적이거나 사회적인 조건이 아니더라도 그 존재 자체로 모두 꽃이다. 산이든, 들이든, 길가든 상관없이, 이름이 있든 없든 상관없이 피어나는 모든 꽃이 아름답듯이, 부모는 이미 자녀를 향한 사랑과 헌신으로 피어난 위대한 꽃이다. 동요의 가사처럼 우리는 모두 각자의 자리에서 빛나는 존재들이다.

산에 피어도 꽃이고 들에 피어도 꽃이고 길가에 피어도 꽃이고 모두 다 꽃이야.

아무 데나 피어도 생긴 대로 피어도 이름 없이 피어도 모두 다 꽃이야.

봄에 피어도 꽃이고 여름에 피어도 꽃이고 몰래 피어도 꽃이고 모두 다 꽃이야.

이 노래 가사처럼, 자녀도 교사도 그리고 부모도 모두 다 소중한 꽃이다. 부모가 스스로를 소중히 여기며 주체적으로 성장해 나갈 때, 그 곁의 자녀는 부모의 뒷모습을 보며 스스로 피어날 용기를 얻는다. 이제 자녀의 성취에만 매몰되지 말고, 부모 자신의 성장과 행복에도 마음을 기울여라. 부모가 스스로 행복한 꽃이 될 때, 자녀의 삶에도 진정한 성장의 계절이 찾아온다.

부모라는 이름으로 오늘을 살아가는 당신은, 그 존재만으로 충분히 아름답고 위대한 꽃이다. 우리는 모두 각자의 자리에서 함께 피어나야 할 소중한 존재임을 잊지 말아야 한다.

"이 세상 위대한 부모님.

당신을 응원합니다."

사랑하기 때문에

대한민국의 교육 수준은 세계 어느 나라와 비교해도 우수하다. 하지만 그 화려한 지표 뒤에서 학생과 교사, 그리고 부모 중 누구도 온전히 행복하지 못한 모습은 한국 교육 현장이 여전히 살얼음판 위를 걷고 있음을 여실히 보여준다. 잠을 잊은 채 학원가로 내몰리는 학생들, 갈 곳을 몰라 방황하며 자신도 모르게 희망 없는 길로 접어드는 청소년들을 보니 우리가 처한 형편이 더욱 암담하게 느껴졌다.

교사는 어떠한가. 치열한 노력 끝에 교단에 섰지만 실력을 인정받기보다 주변의 시선을 살피며 위축된 교사들의 모습 또한 가슴 아픈 현실이다. 부모들 역시 마찬가지이다. 자녀를 위해 모든 것을 내던지며 뛰고 있지만, 정작 자녀와의 간극은 더 벌어지고 교사와의 불신은 깊어만 간다. 무엇이 잘못된 것일까. 시스템의 문제라고만 치부하기엔 우리가 놓치고 있는 결정적인 열쇠가 분명히 있을 것이라 믿었다.

그 답을 찾기 위해 지난 3년간 서울시의 한 구청과 함께 청소년들의 행복을 위한 방향성을 연구했다. 전직 교사들과 학부모들이 머리를 맞대고 무엇이 문제인지, 우리에게 정말 필요한 본질이 무엇인지 수없이 고민하며 의견을 나누었다. 나는 밤낮으로 골몰하며 공부한 끝에 마침내 가장 중요한 가치를 깨닫게 되었다. 그것이 바로 이 책, '에듀맨십'의 시작이다.

글을 쓰는 내내 학창 시절의 선생님과 강단에서 학생들을 가르치던 나의 모습이 겹쳐졌다. 당시 수업을 듣던 학생들의 질문과 표정, 강의실 내의 온기를 상기하며 교육의 길을 걷는 한 사람으로서 현재의 교육 생태계를 다시금 바라보았다.

결국 우리가 행복하지 못했던 이유는 역설적이게도 '너무 사랑했기 때문'이었다. 자녀를 너무 사랑해서 통제하려 하는 부모, 부모와 스승에게 인정받고 싶은 학생, 그리고 제자에게 존경받고 싶은 교사의 간절함이 서로에게 깊은 상처를 주었는지도 모른다. 사랑받고 싶은 마음이 컸기에 그 서운함이 날카로운 칼날이 되어 돌아온 셈이다.

이제 이 책을 통해 우리가 잃어버렸던 사랑의 본질을 되찾고, 학생과 교사, 부모라는 세 주체가 다시 서로를 믿고 의지하며 행복해지기를 간절히 소망한다.

마지막으로, 이 책이 나오기까지 많은 응원을 준 아이들에게 '사랑'을 고백한다.